L'ABYSSINIE

ET LE ROI THÉODORE

PARIS. — IMP. SIMON RAÇON ET COMP., RUE D'ERFURTH, 1

L'ABYSSINIE

ET

LE ROI THÉODORE

PAR

ANTOINE D'ABBADIE

MEMBRE DE L'INSTITUT

Extrait du Correspondant

PARIS

CHARLES DOUNIOL, LIBRAIRE-ÉDITEUR

29, RUE DE TOURNON, 29

Et A. FRANCK, libraire, rue Richelieu, 67.

—

1868

L'ABYSSINIE[1]

ET LE ROI THÉODORE

Égaré sur un chemin de fer qui défigurait sa chère prairie, un taureau espagnol vit accourir une locomotive. Le roi des pâturages s'anima, dit-on, par une obscure conception de ses droits violés et, n'écoutant que son courage, il baissa ses cornes redoutables si bien habituées à vaincre et s'élança de toute sa force sur le puissant envahisseur. Cette rencontre peint assez bien le conflit sérieux qui va se dénouer entre l'Angleterre et Théodore roi des rois de l'Éthiopie. On sent bien que ce dernier n'est pas précisément la locomotive.

Les Anglais ne se laissent gouverner ni par la volonté, relativement éphémère, d'un roi unique, ni par les décisions mobiles de la démocratie, bien rarement sage dans son élan capricieux. Ils obéissent librement aux conseils d'une puissante aristocratie qui, débarrassée par sa richesse de toute préoccupation matérielle, n'a d'autre souci que de commander toujours et de transmettre d'âge en âge les traditions d'une politique ferme, consistante et invariablement inspirée par les conseils de l'égoïsme patriotique.

Cette sagesse s'est trouvée quelque peu en défaut dans le différend éthiopien. Elle semble n'avoir pas pressenti le reproche tout naturel, que le lion britannique jette ses armées et ses millions à l'encontre

---

[1] Nous écrivons ce nom en titre parce qu'il est employé par les Anglais. Il dérive d'un mot arabe qui signifie un ramassis de gens ; mais il est inconnu aux indigènes, et les musulmans qui savent l'arabe évitent avec soin de s'appliquer ce terme injurieux. Nos géographes ne sont d'ailleurs pas d'accord sur les limites qu'on doit assigner à leur Abyssinie : au contraire, le mot Éthiopie est toujours employé par les habitants chrétiens, qui en définissent l'étendue par le souvenir d'autrefois, et ce nom fait partie du titre traditionnel des rois. On nous pardonnera donc de suivre une longue habitude contractée dans le pays même, et de préférer le nom d'Éthiopie.

du lion africain parce que celui-ci est faible et n'a de force réelle
que dans les déserts semés autour de lui. On se rappelle, en effet,
que deux envoyés anglais, officiers pleins de courage et de mérite,
furent non pas emprisonnés seulement, mais barbarement assassinés
en Boukhara sans que lord Palmerston, si fier d'ailleurs en ces ma-
tières, ait pris la moindre mesure pour venger un sang généreux
qui crie encore vengeance ; mais le colosse moscovite était derrière le
despote musulman de l'Asie centrale. On se raconte aussi les réponses
dorées par une politesse méticuleuse que l'Angleterre a très-cour-
toisement élaborées quand les États-Unis d'Amérique ont réclamé
des dédommagements pour les victoires du corsaire *l'Alabama* construit en Angleterre et sorti, en pleine paix, d'un port britannique ;
mais les États-Unis ne craignent point leur mère-patrie et se vantent
même de pouvoir la combattre à armes égales.

La puissance mal affermie de Théodore n'inspirait à l'Angleterre
aucune de ces craintes qui rendent cauteleusement polies les nations
tout comme les simples individus. Solidement assis à Aden et empressés à s'emparer des îles de Perim et de Kamaran dès que le per-
cement grandiose de l'isthme de Suez eut montré que la mer Rouge
peut redevenir un des grands chemins du monde, les Anglais se
sont bercés de l'espoir que la possession des plateaux éthiopiens leur
assurerait en ces parages un établissement plus étendu et plus salu-
bre que leurs trois si petites possessions situées dans la plus chaude
région du globe.

Seulement, de pareilles visées ne s'avouent pas et, sentant que
l'emprisonnement d'un consul anglais capturé hors des limites de
son consulat ne suffisait pas pour motiver une grande expédition,
les Anglais ont cherché à l'excuser par une raison spécieuse. Le prétexte actuel de l'Angleterre est la nécessité de conserver son prestige
dans l'Inde, vaste empire contenu bien plus, disent-ils, par les sen-
timents que par les baïonnettes. Citons à cet égard les réflexions
satiriques d'un journaliste anglais. « Aucun mot saxon ne peut
décrire exactement ce fantôme que nos voisins de France appellent
prestige. Il paraît que la mémoire de nos conquêtes dans l'Inde tend
à s'évanouir et qu'elle a besoin d'être réconfortée par des conquêtes....
là ou ailleurs. Il n'y a pas grand'chose en ce genre à faire en Asie
pour le moment : nous devons donc nous tourner vers l'Afrique, y
transporter douze mille soldats de l'armée indienne, et voir par
expérience pourquoi nous les payons, et comment nous les sacrifions
au besoin. En outre il est très-agréable de savoir pratiquement combien de temps nous restons dans un pays après l'avoir envahi, s'il
vaut ou non la peine de le garder, et surtout il est bon de montrer
comment nous acquérons du prestige ! Notre armée va en récolter,

et plus elle ramassera de cette denrée, plus nos contribuables s'applaudiront de lui avoir fourni le nerf de la guerre. »

I

Avant d'exposer en détail les motifs véritables de la coûteuse expédition anglaise, il est bon de jeter un coup d'œil sur la situation physique et morale de la contrée où l'on va s'engager, et où j'ai passé plus de dix années de ma jeunesse.

Dans toute leur étendue depuis Suez et 'Aqabah [1] jusqu'au détroit de Mandeb ou de l'*Affliction*, les rivages de la mer Rouge sont nus, mornes et désolés. Les petites et rares villes qu'on y rencontre ne doivent leur existence qu'au transit commercial, et à partir de l'eau salée il faut, dans les endroits favorisés, deux ou trois journées de route vers l'intérieur pour reposer la vue sur des champs cultivés. Cette stérile uniformité ne cesse même pas dans la zone intertropicale, ailleurs si riche et si verdoyante. Au lieu de ces palmiers gracieux, à la place de ces grands arbres inconnus en Europe et étalant toutes les richesses d'une végétation baignée dans une humide et puissante chaleur, on ne voit çà et là que des arbustes au bois spongieux, au feuillage lisse et malsain.

La seule baie profonde dans le sud de la mer Rouge est celle d'Adulis, que les indigènes appellent d'un terme qui signifie « golfe de velours, » peut-être à cause de la tranquillité de ses eaux bien abritées du large par les hauteurs qui les enserrent du côté de l'est. Les Anglais qui aiment à devancer leurs conquêtes en baptisant les pays étrangers, ont adopté ici le terme « baie d'Annesley. » Ce nom est, dit-on, celui de la famille de lord Valentia qui, peu érudit en géographie, crut avoir découvert en 1809 ces lieux célèbres jadis, et très-fréquentées par le commerce égyptien au temps des Ptolémées.

[1] Pour les noms propres j'ai employé un système de transcription qui permet de les bien prononcer au besoin. Il n'y a point de lettres muettes et chacune ne représente qu'un son, sans égard à sa position. Ainsi *Kasa* sonne comme si un Français avait écrit *Kaça*. *I*, *a* sont les voyelles correspondantes dans le mot anglais *infant*. La lettre b est très-faible et se rapproche d'un *v*; c est toujours comme en italien devant e, i : c est un son voisin mais plus fort et prononcé du bout des dents. Les indigènes rendent e indifféremment par les voyelles qu'un Français écrirait é, ié, ou même i : e est l'e muet des Parisiens. G et h sont toujours durs; j et w conservent leurs sons bien connus en anglais; ñ est le gn français; q est un k retentissant qui part de l'arrière-bouche; k est le ch fort des Allemands. S est le ch des Français; t et ç sont les t et s emphatiques des Arabes; u se prononce comme en italien ou comme l'ou français. Le demi-guillemet devant une voyelle indique une sorte de bêlement usité par tous les peuples sémitiques.

Quand on arrive dans cette baie en venant du nord, on traverse l'archipel de Dahlak composé d'un grand nombre d'îlots de corail rarement élevés de plus de 5 mètres au-dessus de la mer. L'île Desé, formée d'un chapelet de collines schisteuses, abrite l'ouverture de la baie d'Adulis, que nous nommons ainsi par un souvenir antique, car elle baignait autrefois la cité florissante de ce nom qui existait encore dans le sixième siècle. Les indigènes montrent aujourd'hui le site de cette ville grecque en ajoutant qu'elle fut engloutie par une convulsion de la nature. De ses splendeurs passées, il ne reste qu'un petit nombre de chapiteaux taillés dans les laves des environs et quelques marbres ciselés qui nous ont paru déceler le style byzantin. Près de là est le gros village de Zullah qui en 1840 contenait deux cent quatorze huttes et une population d'environ mille âmes. Le village voisin d'Aftah s'abreuve aux mêmes puits, c'est-à-dire à des trous informes creusés à ciel ouvert dans le lit d'un torrent. C'est de Zullah que part le chemin le plus court pour atteindre les plateaux de l'Éthiopie.

Hors des mois de janvier et de février, où il fait déjà chaud, Zullah participe à l'affreuse chaleur de tout le Samhar, région basse qui avoisine la mer. Ayant voulu prendre un bain froid pendant l'été, je dus y renoncer parce que l'eau semblait glaciale. En y plongeant un thermomètre, on y lisait cependant 36 degrés ; mais à l'ombre l'air était alors à 48. On l'a trouvé à 65 degrés dans l'entre-pont d'un vapeur français, et quand le soir apporte à cette atmosphère embrasée une très-légère fraîcheur, on est tenté de dire comme ce Français échappé au sanglant régime de la Terreur : « J'ai fait beaucoup, car j'ai vécu. »

Si l'on doit voyager alors, on part à minuit et l'on parcourt une plaine alluviale nue comme la désolation. Parfois on y rencontre le karif, colonne aérienne d'un rouge de brique, qui apparaît à l'horizon pareille à un fantôme vivant. Cette colonne semble grandir en s'approchant, le vent qui la transporte siffle en ouragan, hommes et bêtes sont forcés de lui tourner le dos, et l'on se trouve enveloppé d'un nuage sec et noir qui couvre tout d'un manteau d'épouvante. Quelques minutes plus tard, le karif a passé ; on se félicite alors d'être sorti de cette nuit passagère pour retrouver la chaleur intense mais tranquille, qui est la reine brûlante du Samhar. Parfois aussi, on est surpris par le harur, que les Arabes appellent le simum, c'est-à-dire les poisons. Ce vent arrive sans signe précurseur comme d'un four béant qui vomirait toute sa chaleur. Le patient chameau met alors sa tête contre le sol pour chercher de la fraîcheur même sur la terre embrasée ; les plus hardis parmi les indigènes s'affaissent avec désespoir, et la prostration de toutes les forces est si subite et si complète en

rase campagne, qu'il m'a été impossible de soulever un petit thermomètre placé à portée, pour apprendre du moins la température de ce
vent étrange, que la science n'a pas encore expliqué. Il avait duré
cinq minutes ; on assure que les hommes et même les bêtes meurent s'il se prolonge pendant un quart d'heure.

On chemine tristement dans ces plaines maudites. Peu à peu,
elles commencent à s'accidenter ; on foule des pierres roulées, on
contourne des rochers et l'on aperçoit enfin un arbre entouré d'herbe
verte. Puis l'oreille devine un frais ruisseau qui disparaît sur place,
mais dont le doux murmure semble avant de mourir accuser la so-
litude de ne pas comprendre tous ses charmes. Le voyageur se ré-
jouit en trouvant cette oasis en miniature, cette sentinelle perdue de
la végétation des hautes terres. Cependant la vallée se rétrécit à mesure qu'on la remonte ; les montagnes qui l'enserrent deviennent
plus hautes et plus escarpées, et le cours d'eau qu'on longe où
qu'on traverse toujours finit par se montrer d'une manière continue après avoir disparu plusieurs fois dans le dédale des terrains
éboulés.

J'ai visité souvent ces vallons dans le vain espoir de saisir au
passage un phénomène bien rare en Europe. Pendant la saison d'été
on marche ou l'on se repose quelquefois en toute sécurité sous un
ciel serein, quand tout à coup l'oreille d'un indigène perçoit un
bruit étrange qui vient de loin et grossit rapidement. Il crie alors :
« Le torrent ! » en grimpant à perte d'haleine sur la hauteur
voisine. Moins d'une demi-minute après, tout le fond de la vallée
disparaît sous une eau large et profonde qui entraîne avec elle des
arbres, des quartiers de rocher et même des bêtes sauvages. Nés
dans un instant, ces torrents s'épuisent dans la même journée et
ne laissent comme traces de leur passage que des débris de
toutes sortes et des flaques d'eau bourbeuses, retenues çà et là
dans les anfractuosités. La nudité générale des montagnes explique
ces étranges phénomènes. Du fond de l'entonnoir où le voyageur est
engagé, il ne peut voir les nuages peu étendus qui laissent échapper
leurs averses avec une abondance inconnue hors des régions tropi-
cales. Il y a bien peu de terre et encore moins de racines d'arbres
pour absorber cette pluie soudaine ; elle s'écoule aussitôt, bondit de
rocher en rocher comme le long d'un toit, débouche promptement de chaque petit vallon, et tous ces cours d'eau improvisés se
réunissent ensemble dans la vallée principale pour former un fleuve
aussi effrayant que passager. Un jour que j'arrivai juste trop tard
pour le contempler dans toute sa grandeur, je trouvai un indigène solitaire qui, d'un air hébété, regardait la terre humide. « Sois
bien, lui dis-je, quelles sont les nouvelles ? Où sont les armes ?

Un homme comme toi peut-il rester sans lance ni bouclier? — Sois
bien, me répondit-il, reste en santé. Pour moi le torrent a emporté ma
lance, mon bouclier, mon âne, mon chameau et toute ma fortune, ma
femme et mes enfants. Malheur à moi! Malheur à moi!» Je me tournai
alors vers mon guide et lui demandai : « Ton frère peut-il dire la
vérité? — Sans doute, répliqua-t-il, et si le torrent venait en ce
moment sans que nous fussions avertis par le petit bruit dont je t'ai
parlé, ce n'est pas le plus agile qui se sauverait, mais seulement le
plus fortuné. » Puis se tournant vers le fils de sa tribu : « Que Dieu
te console, mon frère. » Nous répétâmes tous ce pieux souhait et
nous continuâmes notre route sans pouvoir rien donner à ce malheureux, car nous n'avions nous-mêmes ni vivres, ni argent, et du
haut de l'escarpement voisin nous l'entendîmes longtemps après répéter encore : « Malheur à moi ! Malheur à moi ! »

La partie supérieure de la vallée est plus roide quand on s'approche
des bords du plateau ; un cavalier accompli peut seul affronter les
roches taillées en degrés abruptes ; la plupart des voyageurs mettent pied à terre et usent bientôt le reste d'énergie qu'ils ont conservé
dans les terres basses et chaudes. Ils s'accrochent aux plantes et
aux racines, se déchirent aux épines, et croient avoir fait preuve
d'un courage surhumain quand enfin, plus fiers que des conqué-
rants, ils atteignent la cime. Ici l'Européen est presque décon-
certé. Au lieu de descendre la pente opposée de la haute montagne
ou d'en côtoyer le flanc ou la crête, il se trouve tout à coup dans
une longue prairie presque plate et parsemée de grands genevriers,
dont le port et l'odeur lui rappellent les riants paysages des Alpes.
La hauteur de ce plateau est d'environ 2,700 mètres, ou presque
l'élévation du mont Canigou, l'une des cimes les plus saillantes
des Pyrénées.

En Éthiopie, il fait encore chaud à cette hauteur lorsque le ciel
est sans nuages ; mais on s'y sent renaître en tous temps sous l'influence d'un air sec et relativement froid. Après deux heures de
marche on atteint le bord opposé du premier plateau, qui s'abaisse
par degrés vers l'Occident. Là se révèle l'Éthiopie intérieure. Sur les
gradins irréguliers de rochers ou blancs ou rougeâtres, on cherche
en vain de la verdure ou même des traces d'habitations humaines,
on aperçoit à peine un arbre et pas un ruisseau ; plus loin, on voit
un désert d'où surgit çà et là une colline pelée ; dans le fond se
dressent les montagnes du Tigray. A droite, on distingue quelques
pics épars dans une plaine indécise; à gauche, une ou deux grosses
montagnes semblent garder en sentinelles avancées le plateau de
l'Ag ame; enfin, si le temps est clair, si la brume sèche n'estompe pas
les lointains comme il arrive presque toujours, on discerne dans le

sud-ouest la masse imposante du Simen qui est le nœud le plus saillant de toutes ces contrées.

L'Éthiopie est une suite de terrasses ou de montagnes à têtes plates, souvent bordées de précipices, et dont les profils affectent les formes les plus bizarres; de larges brèches, des murs en surplomb, des colonnes fantastiques, des aiguilles élancées, voilà les jeux auxquels la nature s'y est livrée sur la plus vaste échelle.

Aussi peu accessibles que le Königstein en Saxe, quelques-unes de ces montagnes contiennent des sources, même des champs labourés, et plus d'une valeureuse garnison y a bravé pendant des années un blocus rigoureux tout en cultivant la plaine qui couronne ces forteresses naturelles. Leurs hauteurs et leurs escarpements augmentent dans l'intérieur de l'Éthiopie où les terrains volcaniques prédominent, et les colonnes de basalte qui en dessinent le pourtour ont déjoué bien des ambitions en servant de rempart à des esprits hardis qui protestaient contre l'injustice ou le despotisme. Près de la mer Rouge les plateaux sont et plus brisés et moins étendus; ils gagnent en surface à mesure qu'on pénètre dans l'intérieur de l'Éthiopie, et presque tous ont leur escarpement principal du côté de l'est, tandis que la limite occidentale s'abaisse doucement jusqu'au pied du plateau suivant. Un terrain irrégulier sur lequel on rapprocherait des tables différant de formes et de hauteurs, donnerait une idée générale du sol de l'Éthiopie. Quand ces plateaux intérieurs ont une grande étendue, elles renferment souvent de vastes dépressions où les eaux s'amassent en lacs. On pourrait en nommer plusieurs, mais le plus important est le lac Tana, quatre fois aussi grand que celui de Genève, et situé à une hauteur de 1860 mètres au-dessus de la mer. Depuis plus de deux siècles, la civilisation et la richesse indigènes de l'Éthiopie se sont concentrées autour du lac Tana. Immédiatement sur la rive on voit Quarata, la plus grande cité de l'Afrique orientale, fière de son sanctuaire et de ses douze mille habitants. Un peu plus loin est Aringo, le Versailles des rois au teint bistré; près de là, Dabra Tabor, la capitale ou plutôt le camp des derniers chefs ainsi que du souverain actuel; et enfin, sur un éperon de montagne qui fait saillie vers le sud, Gondar, le fameux Gondar, que j'ai connu encore puissant quoique réduit à huit mille habitants, le quart de sa population d'autrefois. De tous les méfaits du roi Théodore, celui que les Éthiopiens lui pardonneront le moins, c'est d'avoir brûlé systématiquement la ville de Gondar; sur dix sept églises, deux seulement ont échappé à cette froide et inutile cruauté du despote.

Les ruisseaux, peu volumineux en général, coulent lentement sur les hautes plaines de l'Éthiopie, s'en échappent en cascades dès qu'ils ont atteint le bord de l'escarpement et vont former, dans des fissures profondes, des rivières qui bien loin d'arroser le pays, ne font que le drainer. Ces fissures, peu dignes du nom de vallées, sont étroites, profondes, remplies au fond d'un talus de débris et bordées, en haut, par des précipices, où le sentier serpente avec peine. Souvent au début d'une journée de marche, le voyageur aperçoit coquettement juché sur une petite colline le village qu'il veut atteindre. Il hâte son pas, chemine tout le long du jour, et quand le soir il n'estime plus qu'à 2 ou 3 kilomètres la distance du but, il est forcé de chercher un gîte contre le premier précipice d'une crevasse dérobée jusque-là dans ce qui semblait une plaine continue. Le lendemain matin il faut hâter la descente pour éviter la chaleur du jour au fond de ces gorges étroites, incommodes et malsaines. Elles sont ordinairement inhabitées : les bêtes de proie y abondent, les scorpions et les serpents pullulent sous les pierres ; les arbres épars y sont le plus souvent sans verdure. Là-bas, tout au fond et presque ensevelie par les rochers, coule tortueusement une rivière ou plutôt un torrent. Dans la saison des pluies, c'est une grande entreprise de traverser de pareils cours d'eau qui entraînent le frêle radeau de fagots ou de peaux d'animaux tués à cet effet et qu'on lie bien après les avoir gonflées d'air. Les plus hardis n'entrent qu'en tremblant dans ces eaux torrentueuses, sauf dans certains passages où le crocodile semble respecter l'homme. Les Éthiopiens expliquent ce fait tout comme les Américains du Sud rendent compte d'immunités analogues par rapport aux caïmans en disant : « Tel gué est bon, car tel saint homme l'a béni. » Oserons-nous accepter une explication aussi naïve d'un fait très-réel d'ailleurs ? En tout cas, Humboldt n'a pas su proposer une raison plus scientifique, et chacun peut la chercher à sa guise.

Forte en tout temps au fond de ces drains gigantesques, la chaleur y est parfois affreuse. Dans l'après-midi des beaux jours, on dirait une vraie fournaise. J'y ai observé 70 degrés à la surface du sol et nos aventureux colonels d'état-major MM. Ferret et Galinier, en ont constaté jusqu'à 75. L'air est stagnant au milieu de toute la chaleur réverbérée ; nulle brise ne vient rafraîchir cet enfer terrestre. De loin en loin s'élève un vent impétueux et chaud, toujours en sens contraire du courant de l'eau et souvent assez fort pour terrasser l'homme le plus robuste ; cette tempête ne dure pas cinq minutes ; puis tout rentre dans le brûlant calme. L'air est souvent méphitique au fond de ces gorges ; malheur à l'aventurier qui s'y repose avant ou après la saison des pluies. Après avoir traversé le cours d'eau, il faut s'apprêter à gravir la rude pente opposée. Nous laissons à imaginer ce que le voyageur y dépense d'énergie et surtout combien il regrette ses peines, s'il lui arrive de songer qu'en ce siècle de chemins de fer, un simple viaduc permettrait de franchir en une ou deux minutes cette maudite fissure qui a fait perdre toute une journée.

Il est bien permis d'accuser la chaleur quand on erre dans la zone torride africaine; mais je ne m'attendais guère à y souffrir du froid, bien que j'eusse lu dans une vieille chronique éthiopienne qu'il avait fait périr toute une armée dans le Lasta. Il est vrai qu'une montagne de ce pays que j'ai mesurée de loin ne le cède en élévation qu'à nos trois plus hautes montagnes d'Europe; toutefois la chaleur que le corps accumule pour ainsi dire dans les terres basses et chaudes me semblait permettre de lutter victorieusement contre un froid, sans doute vif par comparaison, mais nécessairement faible et passager quand on s'excite par la marche. L'expérience n'a pas tardé à me faire voir qu'il n'en est pas toujours ainsi : un jour je faillis avoir les pieds gelés sur ces montagnes où, malgré la zone torride, le climat devient glacial à force d'élévation ; et, dans une autre occasion, ma petite troupe n'échappa qu'à force d'énergie à ces funestes effets. C'était une nuit prédestinée au malheur, car cinq ou six cents soldats indigènes, partis en même temps que nous, s'endormirent pour toujours de ce sommeil insidieux du froid qui invite au repos pour finir dans la mort.

Les Éthiopiens forment une population très-mêlée d'origine. Les langues, les institutions, les us et les préjugés, même la couleur et les formes du corps humain y sont juxtaposés dans une étrange confusion. Essayons d'esquisser le tout sans toucher aux questions d'origine qui exigeraient souvent de longues dissertations. Sauf les Çomal, qui offrent plusieurs hommes de haute stature, les Éthiopiens ont une taille moyenne, des lèvres épaisses, des dents admirables et des corps grêles. Leurs cheveux sont frisés, presque crépus ; mais la chevelure droite, quoique rare, se présente quelquefois. Le nez est souvent aquilin chez les Sémites. Quant à la couleur de la peau, on y voit toutes les nuances, depuis le teint bistré du Napolitain jusqu'au noir franc du nègre, et même cette dernière couleur s'allie à des formes éminemment européennes. Une grâce innée et qui n'a pas conscience d'elle-même est le propre des Éthiopiens : dans leurs poses et leurs gestes, dans leurs draperies et dans tous leurs mouvements, nos sculpteurs trouveraient des leçons dont ils ignorent et les charmes et la grande portée.

Sur la côte, au nord de Zullah on trouve les Tigre, que leur langue, leurs traditions et leurs usages rangent évidemment parmi les fils de Sem, à côté des Hébreux et des Arabes. Il en est de même des Tigray, qui habitent le plateau voisin et parlent un idiome frère, mais différent. Relégués au loin dans l'intérieur, les Amara, plus vifs, plus intelligents et plus avancés dans une civilisation, toute indigène d'ailleurs, parlent une langue d'origine sémitique où l'influence des fils de Cham a laissé son empreinte et que la plupart des voyageurs européens ont apprise, car c'est en somme la langue des marchands, des lettrés et des diplomates. Le *gi'iz* ou éthiopien, étroitement allié au tigré, est la langue morte, le latin de ces contrées lointaines. On s'en sert dans les citations des livres, dans les discussions philosophiques ou religieuses, et quelquefois pour dérober sa conversation à l'oreille du vulgaire. Depuis Tujurrah jusqu'aux environs de Zullah, une langue commune et bien différente de celles que nous avons nommées réunit toutes les fractions de la nation 'Afar qu'on appelle souvent Dankalis, mais improprement, car les Dankala, les Ad'ali, etc., sont simplement des tribus 'Afar. Les Saho, qui prédominent parmi les habitants de Zullah et s'étendent sur toutes les pentes du plateau voisin, se regardent comme étrangers aux 'Afar, et parlent une langue distincte quoique sœur. Un autre idiome, bien plus important par le nombre de nations qui s'en servent, est aussi congénère de la langue 'Afar. Nous voulons parler de l'Ylmorma employé par les Oromo, dont le nom de guerre est Gallei ou Galla, et qui, à force de conquêtes, ont étendu leur domination depuis le pays 'Afar jusqu'à des régions encore inconnues de l'Afrique intérieure. Appelés Galla par tous les chrétiens d'Éthiopie, les Oromo menacent par leur voisinage le mont fort de Maqdala, où les prisonniers anglais attendent depuis quatre ans leurs compatriotes vengeurs.

Évitant d'énumérer les langues et tribus avec lesquelles l'expédition britannique ne sera point en contact, nous finirons cette liste par la mention de cette nation, petite, mais valeureuse, qui se donne le nom de *Kam* ou *Ham*. On songe ici involontairement au Cham de l'histoire mosaïque, à l'un des trois pères de l'humanité après le déluge. Quoi qu'il en soit, la langue de *Kam* forme une famille à part. Ceux qui s'en servent vivent dans les montagnes du *Way*, appelé *Wag* par les Amara et situé dans la région montagneuse du *Lasta*. Ces fils de *Kam* sont appelés *Agaw* par les Amara, et des idiomes voisins du leur sont parlés par les Qimant, sectaires demi-païens qui, dans les premiers temps de la puissance de Théodore, lui ont fourni ses meilleurs soldats. C'est un dialecte qimant que parlent les *Falasa* ou juifs d'Éthiopie.

Aux dix langues que nous venons de mentionner, parce que les militaires anglais les entendront, il faut peut-être en ajouter une autre qu'ils ne comprendront certainement pas, nous voulons parler du gafat des environs de *Garagara*. Cet idiome n'est plus vulgaire aujourd'hui, mais les habitants n'accueillent les rois et les hauts personnages qu'en leur adressant, en langue gafat, des discours et des chansons composés il y a des siècles, que personne ne comprend plus, mais que les gens en place s'enseignent de père en fils, par respect pour la tradition de leurs charges. S'il était permis de comparer un idiome à un animal, je rappellerais à cet égard le dronte, ce grand oiseau de l'île de France disparu depuis deux siècles, et dont il ne reste plus que le nom et quelques rares ossements.

On n'a jamais fait un dénombrement sérieux chez aucune nation indigène de l'Afrique. Quant aux centres de population, un voyageur pessimiste les contemple un instant de loin et tout en bâillant sous les ennuis qu'il y pressent, il écrit, par exemple, que la population totale de telle ville est de dix mille âmes. Survient un optimiste : il déclare gravement qu'on doit en admettre au moins trente mille. Ces chiffres sont copiés ou modifiés ensuite par les géographes. De cette façon je dirais que l'Éthiopie chrétienne, presque aussi grande que la France, doit contenir trois ou quatre millions d'habitants, mais si l'on m'affirme qu'il y en a six ou huit millions, je n'ai pas de raisons valables pour contester ces chiffres, car la proportion des déserts aux parties habitées est bien loin de m'être connue. Voulant asseoir une évaluation sur des données moins vagues, j'ai mis par écrit les noms de tous les habitants de cinq villages, en y distinguant les hommes d'armes. Les indigènes comptent ceux-ci en Tigray et leur proportion eu égard au nombre total d'âmes m'a permis d'évaluer, *dans cette région*, la population moyenne d'un village. J'ai écrit ensuite les noms d'environ dix mille petits centres de population ; la grandeur du travail et la difficulté d'avoir des renseignements sur les provinces lointaines m'ont fait renoncer même à cette statistique imparfaite.

II

Les Juifs étaient jadis nombreux en Éthiopie. Il n'en reste pas aujourd'hui quatre-vingt mille et par un phénomène analogue à ce qui se passe ailleurs, ils disparaissent à vue d'œil dans la civilisation plus puissante des Amara.

Nous avons cru pouvoir assigner leur origine au temps du prophète Jérémie, où d'actives relations commerciales existaient entre Alexandrie et Aksum. Plus tard, des facilités analogues amenèrent en Éthiopie les premiers missionnaires chrétiens. C'était au commencement du quatrième siècle de notre ère, quand nos aïeux gaulois étaient encore plongés dans les ténèbres du paganisme. Les vraies doctrines se propagèrent néanmoins avec lenteur, car le judaïsme local, tout en se séparant notablement de celui des Hébreux, conserva sa puissance politique pendant cinq ou six cents ans, malgré d'admirables missionnaires indigènes, dont on célèbre encore dans le pays les fêtes et les martyres. Les antiques erreurs durèrent pendant bien longtemps ; dans le quatorzième siècle, il existait encore des païens en Éthiopie ; on assure même qu'il s'en trouve encore aujourd'hui.

Depuis la vaste invasion musulmane du quinzième siècle, l'islamisme s'est infiltré en Éthiopie avec une persistance fatale. Quant au christianisme qui prédomine encore, nous ne pouvons mieux le comparer qu'aux lépreux qui abondent dans cette partie de l'Afrique, et dont les corps sont attaqués d'abord par les extrémités qui meurent et tombent phalange à phalange. Le malade survit ainsi quelque temps à sa propre dissolution. De même le christianisme a péri peu à peu sur les frontières de l'Éthiopie. Vingt ans avant notre arrivée chez les Tigre, ils étaient encore chrétiens, ou, pour mieux dire, ils vivaient dans le souvenir naïf de leur foi ; mais sans baptême, sans sacrifices et guidés dans leurs prières par les descendants de leurs derniers prêtres. Ils sont devenus musulmans sous nos yeux, à l'exception de leur grand chef, qui disait avec un touchant et superbe respect des vieux usages, que tout roi doit mourir dans la foi de ses pères ! On s'irrite en pensant que deux ou trois fervents missionnaires pouvaient, au commencement de ce siècle, servir de digue à l'empiétement islamique en évangélisant, ou, plutôt, en revivifiant ce christianisme antique dont l'origine remontait à saint Athanase et que nous avons vu expirer après des siècles d'agonie.

Les Tigre occupent le Samhar, sur toute la côte de la mer Rouge, depuis Zullah jusqu'à 'Aqyq. Chrétiens, ils auraient aidé au débarquement de nos courageux évêques, de nos vaillants missionnaires, et formé ainsi le premier anneau de ces soldats de l'Évangile, qui doivent s'élancer à la conquête de l'Afrique. Encore quelques années de fidèle attente et ces Tigre auraient trouvé leur résurrection morale en s'appuyant de nouveau sur la croix au lieu de s'engourdir dans les croyances fatalistes du faux prophète, et cela à jamais, car les idées musulmanes portent avec elles un venin inné qui forme une barrière infranchissable à toute lumière, à tout progrès et permet bien rarement à celui qui en est infecté de renier ses erreurs en rentrant dans le sein de l'Église.

Si l'on étudie le christianisme au cœur de l'Éthiopie, on trouve un schisme un peu confus, mais c'est de tous les schismes celui qui s'éloigne le moins de la foi catholique. Les seuls points de dogme que nous rejetons dans ce schisme sont la procession unique du Saint-Esprit, qui a été définie assez tard chez nous, et la croyance à une seule nature dans Jésus-Christ, qui est professée hautement par les écoles africaines. Toutefois le terme indigène que nous traduisons, faute de mieux, par *nature* est empreint d'un sens tellement vague et ténébreux que, si on pouvait anéantir ce mot, le schisme n'existerait plus. En effet les Éthiopiens ignorent l'art des définitions, et quand je restreignais selon nos méthodes leur terme ambigu, ils comprenaient le dogme exactement comme nous et s'applaudissaient naïvement d'être sans le savoir dans la même foi que Rome, ce siége de Saint-Pierre qui a toujours du prestige pour eux.

Ce qui distingue surtout leur christianisme du nôtre, ce sont des pratiques vicieuses ou déréglées. Comme beaucoup de chrétiens orientaux, ils admettent le mariage des prêtres, mais dans les abbayes pourvues d'un corps enseignant on ne laisse dire la messe qu'à des prêtres ayant fait vœu de célibat; c'est à leurs yeux plus pur et plus parfait, et rien ne m'a fait présumer que cette doctrine leur ait été inspirée par une lointaine réminiscence des idées catholiques. Chez vous, me disait un Éthiopien qui avait visité l'Europe, la pratique importante est d'accourir aux offices; et chez vous, lui répondis-je, l'essentiel est de prolonger les jeûnes. On est tenté de dire que les peuples actifs de l'Occident et les Orientaux à la nature lente et paresseuse, ont érigé, chacun de leur côté, en vertu principale, les œuvres pieuses qui leur coûtaient le moins.

Il est impossible de quitter ce sujet sans parler des *Dabtara* ou clercs. Cette institution curieuse fut fondée par un roi qui se trouvait fort empêtré, comme l'ont été plusieurs de ses confrères d'Europe, par des questions mixtes où le pouvoir spirituel faisait invasion sur le temporel. Pour tenir la balance entre eux, il créa un corps intermédiaire, celui des *dabtara*. Le *dabtara* se recrute dans tous les rangs de la société; c'est lui qui possède en usufruit les fiefs d'église. Il peut seul entrer au conseil de fabrique et le plus souvent il occupe la charge de curé qui est toute temporelle en Éthiopie. Il loue au mois, tance, paye ou congédie le prêtre qui dit la messe. Sa fonction essentielle consiste à chanter au chœur, ce qui exige une certaine instruction. Chez nous on peut changer la musique des hymnes, dont les paroles restent invariables; c'est le contraire en Éthiopie; la musique y est traditionnelle et sacramentelle, tandis que dans toute église bien servie, les paroles rimées de chaque hymne doivent être composées pour chaque fête. Les douze *dabtara* de la fabrique y signalent leur piété, leur savoir et surtout leur esprit. C'est dans des hymnes savamment parsemées de double sens qu'on critique l'évêque, qu'on donne des leçons au chef des moines et même des avertissements politiques au souverain. En rappelant un acte de tel personnage de l'Ancien Testament, on trouve moyen de faire la police de la ville, de louer un Mécène qu'on attend ce jour-là à l'office, ou même au besoin de satisfaire une rancune particulière. Quand un *dabtara* s'avance dans le chœur pour dire à voix basse au principal chanteur l'hymne qu'il vient de composer et qu'il doit toujours savoir par cœur, ses collègues se groupent autour de lui, cherchent à devancer le sens ou la rime, fouillent la phrase pour en extraire le double sens, et quel que soit le résultat, ils se hâtent toujours de féliciter l'heureux auteur. Quelquefois on finit par découvrir que l'hymne n'a pas été composée par un membre de la fabrique, mais bien par quelque jeune candidat en détresse qui, pour le don d'une mesure de farine, vend bien souvent à de plus riches que lui ses fraîches inspirations toutes rimées.

Après le professeur de plain-chant, le maître le plus important est celui qui enseigne la grammaire, d'une façon curieuse et toute indigène, les racines de la langue sacrée, son dictionnaire, et surtout l'art de composer les hymnes. Après la leçon, les élèves se dispersent sur la pelouse qui entoure l'église, se remémorent les préceptes qu'ils viennent d'entendre et s'essayent à rimer et à composer de tête des hymnes qu'ils vont ensuite réciter à leur professeur pour profiter de ses avis. De même que dans notre moyen âge, ces écoliers demandent l'aumône et vivent de misère; souvent ils sont les seuls domestiques de leurs professeurs. Vifs et espiègles comme nos collégiens, ils jouent à leurs camarades des tours plaisants ou ingénieux et quelquefois méchants, mais ils ne s'attaquent jamais à leur professeur, qu'ils vénèrent avec une sorte de culte. M'étant un jour aventuré dans Gondar à décrire comment mes camarades de collège en France avaient mangé le repas de leur maître, pour ne laisser dans son assiette qu'une exhortation fleurie au jeûne et à la patience, je reçus un tel déluge de réprobation que je me gardai de jamais renouveler un scandale pareil.

En Éthiopie, l'enseignement est essentiellement public et gratuit. Comme toutes les explications se font dans la langue vulgaire, que je parlais mal au commencement, je dus recourir à des leçons particulières, et quand je voulais les rémunérer, on me répondait toujours que la science ne se vend pas comme une vile marchandise et que l'honneur du corps enseignant exigeait que le savoir fût transmis gratuitement comme il avait été reçu. Les élèves éthiopiens sont fort assidus en général. S'ils font l'école buissonnière, leurs parents les ramènent dans l'enceinte de l'église où l'on enseigne, et attachent leurs pieds ensemble au moyen d'une chaîne de fer. Parfois cette mesure disciplinaire est ordonnée par le professeur et l'on voit souvent des écoliers se défiant d'eux-mêmes et demandant ces chaînes, qui d'ailleurs n'ont rien de déshonorant.

Elles sont rarement portées par les élèves du haut enseignement. Celui-ci se compose de quatre branches qu'on pourrait comparer de loin à nos quatre *facultés* Une cinquième branche, consacrée à l'astronomie, et fort remarquable par ses idées toutes traditionnelles, est tombée en désuétude de mon temps. J'en ai connu le dernier professeur et depuis longtemps il n'avait eu qu'un seul élève. Les autres branches d'enseignement sont consacrées au Nouveau Testament, aux Pères de l'Église, au droit civil et canonique et à l'Ancien Testament. Ce dernier exige un effort de mémoire dont peu d'Européens seraient capables, car je n'ai ouï citer chez nous qu'un seul homme qui sût toute la Bible par cœur. Or on n'est admis comme professeur en Éthiopie qu'à la condition de savoir par cœur le texte du livre qu'on explique, les variantes de quatre ou cinq manuscrits et surtout l'explication ingénieuse et parfois savante, mais toujours traditionnelle et purement orale, par laquelle on commente le texte. Le grade de bachelier est inconnu en Éthiopie : celui de docteur est acquis à l'élève que son maître a agréé pour répéter le soir à ses camarades la leçon donnée le matin. En cas de doute sur sa capacité, on s'adresse au professeur, et sa simple affirmation passe pour un diplôme suffisant. Il faut un rare effort de constance pour tirer un bon parti de cet enseignement tout oral et peu savant en méthodes. Un vieux professeur me dit qu'il avait appris à bien lire en trois ans. Deux années furent ensuite consacrées à apprendre le chant liturgique, et cinq ans à la grammaire et à la composition des hymnes. Il avait appris en sept ans l'explication du Nouveau Testament, et quant à l'Ancien, il y avait consacré quinze années, car l'effort de mémoire était grand.

Je me suis étendu sur les colléges éthiopiens, parce que M. Blanc, l'un des deux Anglais enchaînés à *Maqdala*, dit expressément dans son récit : « Les Abyssins n'ont pas de littérature ; leur christianisme n'est qu'un nom ; leur pouvoir de conversation est des plus limités. » A ce témoignage tout négatif, j'oppose le précis qu'on vient de lire et qu'il me serait aisé d'étendre. J'ajouterai seulement qu'en Gojjam, comme à Gond*ar* et ailleurs, j'ai eu avec des chrétiens indigènes des causeries sur des sujets de religion, de philosophie et même de science tout aussi fines et aussi ingénieuses que j'en pourrais trouver à Paris ou à Londres. Pour traiter ce sujet en connaissance de cause, il ne suffit pas de faire comme ces voyageurs qui arrivent, notent leurs premières impressions et retournent chez eux. Il faut, pendant de longues années, s'être imprégné de la langue et de la nature des Éthiopiens. Les répugnances naturelles ne se dissipent pas du premier coup entre hommes qui diffèrent par l'ensemble des idées, par les préjugés, car nous avons aussi les nôtres, par la manière de penser et de raisonner, par la couleur de la peau et par toutes les habitudes du corps et de l'esprit. En pareille matière il ne suffit pas même de bien posséder une langue commune : les défiances mutuelles ne s'effacent qu'avec le temps, par des services reçus et rendus, et les libres allures d'une âme qui révèle toutes ses aspirations et toutes ses richesses ne s'établissent de cette manière que rarement entre le fier Européen et le soupçonneux enfant de l'Afrique. C'est ainsi que j'ai rencontré quelques personnes instruites parmi les juifs indigènes, mais, quoique les accidents de voyage m'aient mis en rapport avec plus de musulmans que je n'aurais voulu, il ne m'est pas arrivé de trouver parmi eux un seul esprit distingué.

A de rares exceptions près, le clergé régulier a seul conservé ses vertus et son prestige. Les prêtres séculiers ont perdu une grande partie de leur importance par la singulière institution des *dabtara*. A mesure que les soldats de fortune qui gouvernent le pays depuis soixante ans se sont emparé des fiefs d'église pour les donner à leurs hommes d'armes, plusieurs *dabtara* ont quitté le service des églises et cherché ailleurs des moyens d'existence. Comme les décisions du souverain sont généralement passibles d'un appel au code, les professeurs de droit, qui seuls peuvent en citer et commenter le texte, vivent assez bien au moyen des frais de justice qui leur sont alloués. D'autres *dabtara* se sont même adonnés au commerce avec succès ; le plus souvent ils exercent les professions d'écrivains, de teneurs de livres et d'avocats. Plusieurs d'entre eux se livrent à la pratique de la médecine et des sciences occultes.

Fort jaloux de leur indépendance politique et habiles à la maintenir par le jeu naturel des us traditionnels, les Éthiopiens ont senti néanmoins que l'autorité religieuse devait être forte et unique. Par crainte des schismes, et comme plusieurs évêques peuvent en sacrer un autre, ils se sont bornés à un seul qui doit être de race blanche et étranger au pays. Il a toujours été consacré par le patriarche schismatique d'Alexandrie, mais, à la suite de la dernière nomination, on m'a assuré qu'à l'avenir on s'adresserait ailleurs. On appelle Abun cet évêque unique, et le dernier, nommé *Salama*, n'eût qu'une institution semi-canonique, ce qui, joint à ses vices de toute espèce, nuisit beaucoup à son autorité. Suspect aux professeurs et haï des *dabtara*, il a semé dans tous les cœurs plus d'épines que de bénédictions. Copte de naissance, il fréquenta d'abord l'école des protestants anglais au Caire, et apporta ensuite au couvent où il fit ses vœux de telles doctrines de désobéissance et d'incrédulité, que le patriarche d'Alexandrie se crut fort habile en l'exilant comme abun en Éthiopie, bien qu'il fût encore loin d'avoir l'âge requis par les saints canons. En effet ce patriarche était plus soucieux d'argent que de foi. Il reçut les 56,000 francs qu'on lui envoya, selon l'usage, comme cadeau d'investiture, et tout en désirant débarrasser l'Église copte d'un hérétique en herbe, il se crut permis de livrer aux vagues doctrines du nouvel évêque ce lointain pays d'Éthiopie trop méprisé par les Coptes. Dès son arrivée dans son vaste diocèse, Salama s'occupa beaucoup de commerce, surtout de celui des esclaves qui donne d'énormes bénéfices et il se livrait en outre à des désordres d'une gravité telle, que la plume ne peut les décrire. Il m'a lui-même dit que par mégarde il avait donné la prêtrise à un enfant de dix ans, et il riait du tour grossier qu'on lui avait joué à cet égard. Du reste ses ordinations n'étaient point valides. Ayant appris de Mgr de Jacobis les causes dirimantes qui les annullaient, j'en fis part à des professeurs de droit canon. Ils gardèrent le silence en public ; quand je les pressai de questions en les entretenant un à un, ils me firent tous cette grave réponse : « Vos objections sont vraies ; seulement au nom du grand Dieu, ne les semez pas parmi les *dabtara*. A part les messes dites par de vieux prêtres ordonnés sous le précédent abun, il n'y a plus de saint sacrifice, plus de communion en Éthiopie ; mais l'ignorance et la forte foi des fidèles suffiront devant Dieu pour les sauver. » Occupé d'intrigues où il se croyait habile, l'abun Salama fut néanmoins le jouet des princes qui se l'attachaient pour favoriser leurs combinaisons politiques. Il a sacré Théodore, qui l'a jeté, après une série d'insultes, dans une prison où il vient de mourir.

On pourrait écrire tout un volume sur les us et lois des Éthiopiens. Outre le code écrit, ils ont un droit antique, analogue au *common law* des Anglais, et connu du vulgaire par des maximes rimées dont on ne peut jamais contester que l'application à un cas donné. Des règles minutieuses président à la composition des cours de justice et à toutes les formes de la procédure. Le droit d'appel est très-étendu : il finit au souverain lui-même, et en certains cas au code écrit. Lors d'une vente ou cession de biens, on transcrit le contrat au dernier feuillet de l'évangile de l'église paroissiale. On s'y ménage aussi des témoins pour une cession de terre, en montrant les bornes aux enfants du lieu, tout en leur donnant une poignée de grains crevés au feu. Cette méthode est moins barbare que celle de l'us anglais qui prescrivait jadis en cas pareil de fouetter tous les enfants le long des bornes d'une propriété. Au lieu de dire : « J'ai reçu ici les étrivières, » comme le vieillard britannique cité en témoignage, le vieillard éthiopien dit avec moins de regrets : « Dans mon enfance on m'a fait manger devant tous les paroissiens du grain crevé autour de telle limite. »

Les impôts, payés ordinairement en nature, sont fixes en ce qui concerne la quantité, et répartis entre les manants d'un village, par les soins du *ciqa* ou maire héréditaire. Si un *ciqa* meurt en ne laissant qu'une fille en bas âge, celle-ci succède à son père, fait exercer ses fonctions par des assesseurs d'abord, plus tard par son mari, et transmet enfin ses pouvoirs à son fils aîné. Dans ces derniers temps, où les dissensions civiles et les violences des conquêtes ont affaibli bien des liens politiques, on a accru les impôts en exigeant des cadeaux, des pots-de-vin, en un mot des augmentations déguisées sous divers noms, absolument comme sous l'ancien régime en France. On a aussi fondé l'impôt indirect. Néanmoins, l'institution des *ciqa*, absolument inamovibles, a formé depuis longtemps les Éthiopiens dans l'art de se gouverner eux-mêmes, et ils savent fort bien en profiter pendant les interrègnes des guerres civiles. Il est même remarquable que la langue des Amara ait un mot spécial qui rend exactement notre idée de république. Les traitements des fonctionnaires se payent en nature. Chacun d'eux est investi d'un certain nombre de villages dont il reçoit l'impôt par la main du *ciqa* en les pressurant à son gré, mais à un certain point seulement, car les contribuables ont toujours le droit de dénoncer les concussions au gouverneur de la province et d'appeler de sa décision auprès de l'autorité suprême. Cette investiture de villages est changée ou confirmée tous les ans.

III

Quoi qu'en disent les prisonniers anglais, les soldats éthiopiens sont très-braves et se battent avec un grand acharnement, s'ils sont bien menés. Comme chez nous dans le moyen âge, la fleur des armées se compose de cavalerie ; la bataille rangée est commencée par les fusiliers qui tirent fort bien, mais dont les chefs indigènes n'avaient pas de mon temps compris encore toute l'importance. Bientôt on bat la charge, la cavalerie s'ébranle, la victoire est promptement décidée et l'infanterie mal armée de mauvais sabres, de lances et de boucliers, ne sert guère qu'à achever la victoire en faisant des prisonniers. A l'exception des fusils et des chevaux de prix, qui reviennent de droit au général, chacun garde la dépouille du vaincu qu'il peut atteindre. Pendant cette dernière phase de la victoire, le général en chef, déserté par ses avides soldats, reste à peu près seul. En causant avec des officiers éthiopiens je leur ai souvent dit, mais toujours en vain, qu'il est important de ménager une garde au général en chef pour donner avec lui au besoin. Les premières victoires de Kasa durent plus tard faire songer à l'utilité de ce corps de réserve.

Je faisais la statistique du Quara quand j'arrivai au village Andaba qui, n'ayant eu que soixante feux en 1834, en renfermait cent en 1842. Comme j'exprimais ma surprise, au sujet de cette augmentation, le soldat qui me renseignait dit que le village s'était accru à ce point depuis que Lij Kasa s'y était campé en rebelle. Andaba est du côté de l'ouest la frontière extrême de l'Éthiopie chrétienne. C'était donc un lieu bien choisi par un jeune ambitieux qui n'ayant pour tout bien qu'une lance et un bouclier, voulait, en toute sécurité et loin de l'autorité centrale, s'entourer de déserteurs et d'ambitieux comme lui.

Le nom de Kasa est commun en Éthiopie : il signifie *rançon* ou plus souvent *dommages-intérêts* et les mères le donnent au premier de leurs enfants qui naît après la mort d'un autre. Lij correspond à *fils* et l'on ajoute ce terme aux noms des rejetons de maisons distinguées. Ce Kasa était en effet le neveu de Kanfu qui s'est fait à Gondar une belle réputation par une expédition heureuse contre les Turcs du Sannar. Mais cette famille n'est pas du sang dit de Salomon et qui régnait, plus ou moins, depuis quatre siècles. Tout au plus pouvait-elle s'y rattacher par les femmes, et la seule aristocratie du pays se borne à la descendance masculine des anciens rois.

Parlons ici de la mère de ce chef, puisqu'elle est involontairement une des causes lointaines de l'expédition anglaise. Cette bonne vieille m'a rendu un grand service et, en 1848, malgré la récente élévation de son fils, elle était encore assez indulgente pour se lever à mon approche. Déjà on commençait à la courtiser comme une puissance ; quelque temps auparavant il n'en était pas ainsi, et Kasa, à peine connu comme un rebelle obscur, n'avait encore réussi à appeler sur les siens que la réprobation et la misère. Sa pauvre mère ayant vu s'évanouir le bel âge des illusions, fit ses vœux comme religieuse et se coiffa du petit bonnet blanc qui en est le signe distinctif. Mais elle était sans ressources, les biens des couvents avaient été pillés depuis longtemps et les heureux d'alors fuyaient la mère d'un rebelle. Elle s'adressa donc au quartier aristocratique de Gondar où le bon ton prescrivait de choisir une religieuse pour garder la porte, absolument comme chez ces Français qui affectent de remplacer par un suisse en tenue le vulgaire concierge. Hélas! toutes les places étaient déjà prises, et comme nécessité est mère de l'industrie, la religieuse dut entreprendre le commerce le plus infime du pays, en allant au marché public pour vendre, à quelques centimes par dose, le koso que les Éthiopiens avalent six fois par an afin d'alléger les inconvénients du ver solitaire dont ils sont tous atteints.

Cependant le rebelle de Quara avait grandi et l'orgueilleuse Manan s'en émut enfin. Cette femme était la mère d'Ali, le plus puissant chef de l'Éthiopie centrale et le vrai maire du palais d'un roi fainéant qui régnait à Gondar dans l'enceinte seulement de sa demeure. Manan voulant se faire appeler ytege ou reine, titre unique dans ce pays, fit congédier par son fils le roi nominal d'alors et le remplaça par son mari Yohannis (Jean), aussi de la race de Salomon. Cette majesté de fraîche date était une âme d'élite et m'honorait de son amitié.

Nous étions en mai 1847. La reine avait décidé une expédition pour écraser l'inquiétant Kasa et elle passa la revue de ses troupes. Dans cette cérémonie chaque cavalier vient, entouré de ses fantassins, raconter, souvent en termes choisis et même en vers, ses exploits passés et ses triomphes à venir. Le tutoiement est de mise dans ces discours homériques. L'un de ces preux finit le sien par ces mots devenus historiques : « Manan, ma grande souveraine, fie-toi à ma valeur, car je t'amènerai dans les chaînes ce fils de rien, cet enfant d'une marchande de koso. »

La petite mais vaillante armée s'ébranla le lendemain et le 18 juin elle en vint aux mains avec les bandes indisciplinées de Kasa. Celles-ci se débandèrent au premier choc et les vainqueurs les poursuivirent en désordre. Cependant Sa Majesté Yohannis était restée en place avec son ytege et quelques pages. A la tête de sa petite garde, Kasa fondit sur eux, les força tous à se rendre et proclama aussitôt à son de tambour la défaite de la fière Manan et de son royal époux. A mesure que les soldats revenaient au camp avec leurs prisonniers, Kasa leur apprenait que les rôles étaient changés. Bien qu'ils fussent en nombre, ils ne songèrent pas à se former pour écraser la très-faible réserve de leur audacieux vainqueur.

Celui-ci fit enchaîner dans une hutte l'officier qui avait rappelé d'une manière si malencontreuse la marchande de koso. En Éthiopie, le message verbal porté par un page remplace nos lettres et nos petits billets. Après vingt-quatre heures de jeûne forcé, le prisonnier solitaire reçut la dépêche suivante portée par un jeune espiègle :

« Comment as-tu passé la nuit, mon frère, comment as-tu passé le jour ? Que Dieu te délivre de tes chaînes ; que le Seigneur t'accorde un peu de patience. Afflige-toi avec moi, car hier maman est restée au marché toute la journée sans pouvoir vendre une seule dose de koso. Je n'ai donc pas de quoi acheter à souper pour toi, ni même pour moi. Que Dieu te fasse durer, mon frère ! que Dieu ouvre tes chaînes ! c'est Kasa qui te le dit. » Le lendemain, même message. Au troisième jour, l'ironie du vainqueur fut légèrement changée. Après les souhaits d'usage, il apprenait à son prisonnier une nouvelle joyeuse : maman avait enfin échangé une petite dose de koso contre la moitié d'un pain, et il s'empressait de la lui envoyer.

Peu de jours après j'appris ces détails dans Gondar. Les donneurs de nouvelles louaient la spirituelle moquerie, mais ils ne souriaient qu'à demi, car la fleur de la société était dans le malheur. Puis on regrettait le bon roi Yohannis et enfin on devinait dans le rebelle du Quara un rude compagnon avec lequel il faudrait compter. Ali lui donna sa sœur en mariage pour acheter la liberté de sa mère, rappela cette dernière auprès de lui et octroya au fortuné Kasa le gouvernement de la malheureuse Manan que son titre de reine ne put préserver de ce dernier affront.

J'ai vu souvent Kasa dans Gondar, chef-lieu de son grand fief ; vêtu comme un simple soldat, il n'avait rien qui pût, soit dans sa physionomie, soit dans son langage, faire pressentir ses hautes destinées ; il aimait à parler d'armes à feu, et comme je craignais de passer pour un mécanicien, j'évitais de satisfaire à ses questions intéressées. Le 6 mai 1848, il m'envoya demander des capsules, afin d'utiliser des fusils venus d'Europe, et dont il ne pouvait faire usage. De toutes mes armes emportées de France en 1839, je n'avais conservé que deux pistolets et quatre capsules, je les réservais pour un cas de légitime défense, car dans les dangers si fréquents en ces pays lointains, un voyageur isolé accueille à grand'peine la pensée de ne pouvoir se défendre ou de succomber sans avoir fait payer chèrement sa vie. Il était dangereux d'opposer un refus net à la demande du gouverneur de Gondar, et tâchant d'atténuer la petitesse de mon cadeau par la beauté du discours fastueux mais pétillant d'amabilité dont je l'accompagnais, j'envoyai à Kasa *une* capsule. Dans la même journée, j'eus l'imprudence de conter mon aventure au seul Européen qui fût alors avec moi dans Gondar ; je lui avouai même qu'il me restait trois capsules pour franchir tous les périls qui pouvaient me séparer de France. Cet Européen dut trahir ma confidence, car vers le soir un nouvel envoyé de Kasa vint me dire de sa part, avec le long message de politesse qui accompagne toutes les prières, que son maître désirait avoir les trois capsules qui me restaient. J'avais alors dessein de consacrer encore huit jours à écrire un vocabulaire de la langue gafat, et dans le même temps je comptais faire achever par mon copiste un manuscrit précieux ; mais je ne pouvais rester dans Gondar sans donner mes trois capsules, et je m'entêtais à les garder pour m'en servir au besoin ou à les porter jusqu'en Europe. Je choisis donc dans mon entourage un jeune, mais très-habile dabtara et je l'envoyai à Kasa avec le message suivant : « Monseigneur, comment avez-vous passé le jour ? Avez-vous bien passé le jour ? beaucoup de souhaits ; quand on n'a que trois capsules pour tout bien, elles deviennent tellement précieuses qu'on ne les donne à personne autre qu'à vous, monseigneur, et que pour cela on n'ose les confier au plus fidèle de ses pages. C'est moi qui

dois les porter. L'heure des visites de cérémonie est déjà bien pas-
sée, demain matin au lever du soleil, j'irai, si Dieu veut, vous re-
mettre moi-même les trois capsules. »

Le lendemain, l'étoile du matin n'était pas encore levée que j'étais
déjà hors de Gondar, en route pour France, emportant, il est vrai,
mes trois capsules, mais laissant derrière moi et la moitié du manuscrit et toutes mes bonnes intentions pour l'idiome gafat.

Kasa passait alors pour avoir vingt-huit ans. Son visage était plutôt
noir que rouge. Comme presque tous les Éthiopiens, il avait le corps
grêle et semblait devoir sa grande agilité moins à ses muscles qu'à
sa puissante volonté. Son front est haut et presque bombé ; son nez
légèrement aquilin est un trait fréquent chez les Amara de pur sang.
Comme chez eux, sa barbe est des plus légères et sa lèvre peu épaisse
semble trahir une origine plutôt arabe qu'éthiopienne.

Des pèlerins éthiopiens m'ont écrit de Jérusalem la suite des succès
de Kasa. Dédaignant trop son beau-frère pour l'attaquer lui-même
avec sa nombreuse armée, le Ras Ali envoya contre lui l'habile et
valeureux Gosu qui régnait en Gojjam. L'armée de Kasa ne soutint pas
le choc de ces troupes d'élite, et lui-même fut fait prisonnier. Ivres
de leurs succès, les vainqueurs commençaient à égorger ceux qu'ils
avaient pris, quand Gosu s'empressa d'arrêter le carnage. Pour toute
reconnaissance Kasa profita de la confusion, saisit un fusil et brûla la
cervelle à son généreux vainqueur. Pour la deuxième fois l'aventurier
avait ressaisi la victoire au moment où elle venait de lui échapper.

Plus tard Kasa vainquit successivement Ali, chef du Bagemidir et
suzerain des musulmans Wallo, Wibe, prince du Simen et du Tigray,
et enfin Basawarad, prince indépendant du Siwa. Ayant ainsi réuni
sous son sceptre toute l'Éthiopie chrétienne, il se rappela une vieille
prophétie que les juifs et les chrétiens m'ont souvent citée et d'après
laquelle un roi nommé Théodore devait un jour régner sur tout
l'ensemble de l'antique empire d'Aksum.

Les rois d'Éthiopie changeaient ordinairement leurs noms en mon-
tant sur le trône : Kasa profita de cet usage pour se faire sacrer par
l'Abun sous le nom de Théodore et fit dire d'un bout à l'autre de
l'Éthiopie que l'antique prophétie s'accomplissait en lui. — Il espé-
rait ainsi affermir son pouvoir, mais il est plus malaisé de gouverner
que de vaincre. Théodore apprécia mal le caractère de son peuple. De
tout temps les pays montagneux ont été des remparts contre le despotisme. En Éthiopie, les failles profondes des plateaux, les monts forts,
les obstacles puissants des cours d'eau aux rives malsaines ou débor-
dées, ont inspiré naturellement aux habitants le besoin irrésistible
de se ménager aussi des barrières morales, de se gouverner par eux-
mêmes et de n'agréer l'autorité supérieure que si elle est juste et

douce. Après un siècle de liberté continuelle soutenue et renouvelée par des résistances d'abord silencieuses et passives, ensuite tumultueuses et sanglantes, l'Afrique orientale ne pouvait se plier tout d'un coup à la volonté d'un parvenu qui n'avait d'autre qualité éminente que celle de résister à la fatigue et dont les victoires prodigieuses, il est vrai, tenaient plus des dons de la fortune que de cette habileté sûre et patiente qui prépare lentement les grands succès.

Au commencement de son pouvoir, Kasa gouvernait avec beaucoup de clémence, et l'on a attribué cette douceur à l'heureuse influence de sa première femme. Il l'aimait tendrement; quand elle mourut il fit dessécher le corps, selon l'us de la maison de Salomon. Enfermés dans un cercueil, ces restes aimés suivaient Théodore partout. Une tente spéciale leur était affectée dans le camp, et l'on voyait souvent le vainqueur de l'Éthiopie se retirer là tout seul pour méditer sur son bonheur passé et pour demander, disait-on, la sagesse à ce Dieu qui l'avait frappé d'un chagrin irréparable. C'est vers cette époque de sa carrière qu'il eut des pensées réelles, quoique toujours fantastiques, d'un gouvernement sage. Le divorce civil et par suite la confusion dans les mariages sont la grande plaie de l'Éthiopie : ils déracinent la société dans ses fondements et s'opposent, dès le cercle même de la famille, à toute idée d'ordre et de stabilité. Sans comprendre qu'un changement aussi radical dans la société ne peut s'instituer par proclamation, Théodore décréta l'obligation du mariage régulier et l'abolition du divorce. Un chef habile aurait cherché à l'amener peu à peu, au lieu de heurter brusquement les habitudes mauvaises, il est vrai, mais contractées depuis des siècles et qui par malheur s'étaient assuré ainsi la sanction du temps. Un autre de ses décrets avait de même une grande portée et pouvait mieux réussir, car il ressuscitait en le consacrant le vieil us éthiopien qui défend de vendre un esclave; mais ici encore la réforme était trop radicale et trop subite, et en outre le décret royal violait des droits déjà acquis.

Le cœur de l'homme est si peu profond que la douleur est impuissante à s'y creuser un asile inviolable. Théodore en donna bientôt la preuve. En tombant dans ses mains pour aller vivre enchaîné sur un mont fort, le prince Wibe avait recommandé vivement sa fille aux dabtara et moines de Darasge, son abbaye favorite, où il avait fait construire un caveau destiné à lui servir de sépulture. Un jour ses fidèles gardiens virent accourir du fond de la vallée une troupe de gens armés ; ils crurent avoir affaire à Tissu, rebelle de fraîche date et qui plus tard s'est emparé du pays On cacha promptement les étoffes et les vases sacrés, et par précaution on enferma la jeune fille dans le caveau. La surprise fut grande quand on reconnut Théodore qui, devançant les nouvelles selon son habitude, parcourait ses États dans l'espoir de châtier à l'improviste ceux qui étaient en armes contre lui. Il voulut tout voir à *Darasge*, et comme on refusait de lui ouvrir le caveau en jurant qu'un tombeau préparé par Wibe n'avait aucun intérêt pour son vainqueur, Théodore soupçonna quelque piége et fit lever la pierre devant lui. Sa surprise fut grande quand au lieu de cercueil il vit une jeune fille très-belle, baignée de larmes et dans l'attitude de la prière. Théodore oublia aussitôt ses premières amours si fidèles jusque-là ; il mit Wibe en liberté et lui demanda sa fille, qui ne tarda pas à devenir la reine de l'Éthiopie. Cette union ne fut pas longtemps heureuse ; la jeune Ytege ayant intercédé pour sauver la vie d'un rebelle qu'elle avait connu à la cour de son père, Théodore refusa d'abord, puis s'irrita des insistances de la reine et s'oublia jusqu'à la frapper. Afin de l'humilier encore davantage, il fit venir auprès de lui une femme choisie à la hâte dans son camp. A partir de ce moment, le fameux décret sur le mariage chrétien tomba naturellement en désuétude et l'on vit refleurir aussi le commerce des esclaves, prohibé depuis peu. Pour que les bonnes pensées puissent porter tous leurs fruits, ne doivent-elles pas émaner d'un cœur plus réellement fort que celui de Théodore?

Après la défaite du Ras Ali, Kasa reçut auprès de lui les courtisans de l'ennemi qu'il avait vaincu, et entre autres MM. Plowden et Bell. J'ai connu ces deux Anglais qui, empressés d'adopter le laisser aller éthiopien, vivaient à la cour du parvenu tant en guerriers qu'en flatteurs. Leur bravoure personnelle en faisait des serviteurs précieux, et M. Bell mourut en défendant son maître. Plus habile que son jeune camarade, M. Plowden s'était fait accréditer par l'Angleterre comme consul, non dans le *Samhar*, sous le gouvernement régulier turc qui permettait de faire respecter un représentant de Sa Majesté britannique, mais bien loin de là, dans l'intérieur des terres, auprès du Ras Ali, à Gondar, d'où toute sécurité était bannie depuis vingt ans. On ignore en Europe les vraies causes de la rencontre de M. Plowden avec un parti de rebelles. Il fut battu, criblé de blessures et porté dans Gondar. Peu de jours après, il y mourut. Théodore crut faire une action d'éclat et venger dignement son défunt officier en faisant égorger de sang-froid 1,700 de ces insurgés qui avaient mis bas les armes.

IV

Arrêtons-nous pour jeter un coup d'œil sur les missions religieuses envoyées par les Anglais en Éthiopie, car elles n'ont pas peu contribué à amener et à envenimer la querelle encore pendante. M. Gobat, protestant suisse, alla jusqu'à Gondar, il y a une quarantaine d'années, et y apprit la langue vulgaire. Dès son retour en Europe, il publia un livre dont le ton de bonne foi me trompa d'abord, comme il a dû tromper en Angleterre les meneurs de missions protestantes. La charité m'oblige à supposer qu'en croyant raconter ses prédications dans Gondar, M. Gobat narrait seulement ce qu'il aurait voulu dire et les réponses qu'il aurait été heureux d'entendre. Sans recourir à d'autres témoignages, je citerai celui d'un *dabtara* instruit qui ignorait l'existence de la mission protestante : « Samuel Gobat, dit-il, était un homme avenant et qui produisait bien des illusions au premier abord. Moi qui l'ai suivi, je puis affirmer qu'il était réellement hérétique ou qu'il faisait semblant de l'être. Il proposait des objections et des doutes affreux en matière de religion chrétienne, mais sous forme d'hypothèses ; les *si* précédaient toujours ses assertions étranges ; pouvait-il les affirmer nettement? vous sentez que dans Gondar au moins, on ne l'aurait pas laissé continuer, et le séjour de notre ville lui aurait été interdit. »

Les sociétés des missions en Angleterre n'avaient pas été instruites de cet état des esprits en Éthiopie et, séduites par le ton spécieux du livre de M. Gobat, elles lui adjoignirent trois autres missionnaires qu'il abandonna bientôt pour retourner en Europe et qui prêchaient bien plus franchement que lui dans Adwa en Tigray, où ils s'étaient établis. On les expulsa du pays en 1838, quinze jours avant que je n'y fusse entré pour la première fois. Deux d'entre eux allèrent alors en *Siwa* d'où ils furent renvoyés. Avec une persistance qui aurait fait honneur à une meilleure cause, ils retournèrent en Tigray, puis encore une fois en *Siwa*. Toujours expulsés ils eurent enfin, jusqu'en 1855, la sagesse de s'abstenir de nouvelles tentatives.

Quand dix-sept ans auparavant je me rendais en Éthiopie, je rencontrai au Caire un jeune prêtre lazariste que j'engageai à m'y accompagner pour jeter les fondements d'une mission catholique. Il me devança dès notre arrivée à Muçaww'a, parvint à Adwa *huit* jours environ avant la première expulsion des protestants, et comme nos projets lui parurent faciles à réaliser si on leur consacrait du temps et surtout une patience ardente, je rapportai à la fin de 1838 ses lettres en Europe. S. S. Grégoire XVI augura bien de notre humble tentative et envoya en Éthiopie deux missionnaires sous la conduite de Mgr de Jacobis qui fut bientôt connu dans toute cette vaste contrée sous le nom de Abuna Ya'iqob. Malgré quelques imprudences, inévitables peut-être en un pays où l'on trouve tant de contrastes étranges, il réussit au delà même de mes espérances les plus hardies et lorsqu'en 1849 je quittai enfin ce pays, j'y laissais **douze** mille catholiques dont plusieurs prêtres indigènes. L'an dernier une relation anglaise en comptait soixante mille, car l'influence des vraies doctrines ne pouvait manquer de s'étendre sur des intelligences aussi éveillées que celles des Éthiopiens. Mgr de Jacobis avait aidé à ce beau résultat par sa douceur inaltérable et par cette influence personnelle qui grandit toujours chez un prêtre voué à des prières incessantes.

Il en était tout autrement des missionnaires protestants. Ceux qui exhalent par nature une odeur repoussante sont les derniers à s'en apercevoir, et attribuent à tout autre motif l'éloignement qu'ils inspirent. Aussi ces missionnaires, ne comprenant rien à leurs propres insuccès, ont-ils accusé les catholiques d'avoir préparé leur expulsion de l'Éthiopie. Même le consul anglais Plowden dit dans son rapport officiel que Théodore, après avoir lu l'histoire des jésuites en Abyssinie, a décidé qu'aucun prêtre catholique n'enseignera dans ses États. On n'a pas besoin de dire que les Anglais aiment à évoquer comme un vieil et écrasant épouvantail, le souvenir des pères jésuites qui ont enseigné avec tant d'éclat en Éthiopie jusqu'en 1630. Il est au moins singulier que je n'aie pas entendu parler de cette histoire indigène, et que les professeurs de Gondar les plus instruits et les plus anticatholiques ne m'en aient jamais rien dit dans leurs controverses. Au contraire ils parlaient de Pierre Paez et de ses frères avec une admiration mêlée de regrets et citaient à leur égard de touchantes légendes. Un peu plus loin cependant, Plowden, qui ignore que les sermons sont inconnus en Éthiopie, ajoute que Théodore avait prohibé toute prédication contraire à l'Église copte. Il serait puéril d'exiger qu'un soldat anglais, plus ou moins protestant, se fût mêlé de questions religieuses ; cependant, tout soldat qu'il était, il devait savoir que Théodore ayant choisi pour lui-même un des trois sous-schismes indigènes, avait prohibé toute autre croyance et exclu ainsi de chez lui les protestants aussi bien que les catholiques.

C'est à la suite de ce décret que Mgr de Jacobis dut quitter Gondar vers 1855. Ce pieux évêque alla reprendre près de Muçaww'a le gouvernement de sa mission, qui depuis trente ans n'a pas reçu des indigènes un seul échec notable. Les principaux prosélytes de Gondar s'étaient aussi rapprochés de la mer Rouge, et les protestants, toujours aux aguets, crurent avoir enfin trouvé une bonne occasion pour enseigner dans la capitale. Ils s'y rendirent sous la conduite de M. Krapf qui, à défaut d'autres qualités, a du moins celle d'une activité et d'une persévérance peu communes, il est vrai, mais jusqu'ici fort stériles pour la foi nuageuse qu'elles prétendent soutenir. Lors de leur première expulsion en 1838, les quatre missionnaires protestants n'avaient laissé en Éthiopie qu'un seul prosélyte. C'était un pèlerin, naguère pieux ; il s'achemina vers Jérusalem en compagnie d'un prêtre éthiopien qui poussé par le besoin vendit comme esclave son jeune compagnon. M. Gobat le racheta et lui inspira sans grande difficulté la haine des prêtres et de tout ce qu'ils enseignent. On est bien tenté de ne voir dans ce renégat solitaire qu'un exemple de ressentiment grandi jusqu'à la déraison et où l'esprit de vengeance a remplacé l'esprit de justice. Dans ce cas du moins on pouvait alléguer une éducation imparfaite, quoiqué ayant duré huit années entières ; car les protestants n'ont jamais eu d'enseignement régulier en Éthiopie où toutes leurs *prédications* se réduisent à des conversations plus ou moins fortuites. Mais ils n'ont pas mieux réussi là même où ils peuvent débiter à loisir leurs préceptes stériles. Un Éthiopien jeune et intelligent, après des années d'études chez les protestants en Europe, voulant répondre à une demande sur l'état de sa croyance m'écrivit nettement qu'après avoir entendu parler des religions diverses il n'en admettait plus aucune. La religieuse Angleterre, toujours croyante, quoique dans l'erreur, devrait s'émouvoir à l'idée que ses missionnaires, vrais envoyés mercenaires, ne réussissent surtout qu'à semer dans les âmes le doute et la négation de toute foi.

Ami de raisons spécieuses et de détours cauteleux, M. Gobat se garda bien d'avouer, en écrivant au roi Théodore, l'envoi d'une mission protestante. Il ne lui annonça que des ouvriers habiles, chargés de régénérer le pays par les fruits de leur industrie, et cette offre fut bien accueillie, car le roi avait besoin de fondeurs pour couler des mortiers, afin d'emporter de vive force les monts forts tenus par ses rebelles. Il fallait aussi des ingénieurs pour construire des routes et conduire l'artillerie nouvelle à travers un pays où des sentiers étroits et tortueux, souvent coupés par des failles et des torrents, étaient jusqu'ici les seules voies de communication pour les caravanes et même pour les armées. On s'aventura pourtant à dire que les ouvriers étrangers voulaient avoir le libre exercice de leur religion. Théodore en référa à l'Abun, et ce dernier, connaissant les allures de ses anciens maîtres, dit carrément au missionnaire M. Stern, qui mettait en avant la conversion des *Falasa*, ou juifs indigènes, comme étant le seul but de son arrivée à *Gondar* : « Cette mission auprès des juifs n'est qu'un prétexte pour comploter d'une manière plus insidieuse contre la foi des chrétiens. » Feignant de n'être pas deviné, M. Stern se borna à renouveler son assertion première, et le roi consentit à recevoir des ouvriers que les Anglais désignent, mais en Europe seulement, comme de pieux laïcs devant en principe se livrer à l'exercice de leurs métiers, mais tenant surtout pour leur premier devoir la propagation de l'Évangile par le précepte et l'exemple. De l'aveu des protestants et de M. Stern lui-même, cette dernière partie du programme ne fut point remplie, car plusieurs des ouvriers se laissèrent aller bientôt à des pratiques immorales si bien tolérées en un pays où les habitudes invétérées de liberté dégénèrent souvent en licence. De plus, et malgré la promesse faite à l'Abun, Plowden nous apprend que les protestants ont « distribué des bibles par centaines et enseigné les grandes vérités du salut à beaucoup de païens et de chrétiens. » Nous empruntons tout ce récit non à nos correspondants indigènes, qui pourraient paraître suspects, mais au rapport du Rev. M. Badger [1] protestant dont on se loue beaucoup dans les régions officielles en Angleterre. Après un court séjour à Gondar, M. Stern se rendit à Londres, s'y fit avancer aux fonctions d'évêque et publia un volume dont le vide verbeux ne contient qu'un seul renseignement précieux, à savoir : la preuve intrinsèque que l'auteur ignorait les usages élémentaires de l'Éthiopie. Par une imprudence qui lui a coûté cher, M. Stern a raconté l'histoire de la marchande de koso dans son livre, dont le contenu fut communiqué à Théodore par un ancien élève des missionnaires anglais. Les protestants ont dû se dire plus tard, dans l'amertune de leur malheur, qu'on n'est trahi que par les siens.

V

Cependant le gouvernement anglais était dépité d'avoir vu massacrer son habile agent Plowden sur la grande route non loin de Gondar, le siége peu accessible de son consulat prématuré. Il ne fallait pas songer à demander réparation pour cette mort que Théodore avait cru venger dignement par un holocauste d'une barbarie inouïe, et la diplomatie anglaise aurait sans doute détourné son regard de ces contrées lointaines, si les protestants zélés, ou le parti « des saints » comme disent nos voisins, ne l'avaient ramenée dans ces eaux déjà bien troublées. Toutefois on eut le bon sens de supprimer l'étrange consulat de Gondar, et l'on envoya, à Muçaww'a seulement et sous la protection du pavillon turc, le capitaine Cameron, officier qui avait bravement servi en Crimée, mais qui n'était aucunement fait pour les combats plus subtils de la diplomatie, ni surtout pour tenir tête au verbiage habile des Éthiopiens, bien plus redoutables pour lui dans

[1] *The Story of the British captives in Abyssinia*, 1863-1864, by the Rev. Geo. Percy Badger.

les conférences, que ne l'avait été le canon des Russes sur le champ de bataille. On a tour à tour dit et nié que M. Cameron eût reçu l'ordre ou même la permission d'aller auprès du roi Théodore. Gardons-nous de le juger trop tôt, car il gémit enchaîné sur le mont fort de Maqdala [1], et il n'a pas encore pu faire entendre sa défense.

Non moins étonné que ses propres sujets de son succès à réunir sous un seul sceptre le royaume d'Éthiopie tel qu'il existait il y a trois siècles, Théodore, qui est fort pieux à sa manière, se crut prédestiné à régner sur l'empire antique, tel que la tradition le décrit, de Sannar au cap Guardafui et de là sur tout le littoral de la mer Rouge jusqu'à Sawakyn. À cette fin, il fallait d'abord briser la puissance musulmane dans l'Afrique orientale, et comme il avait reçu des Égyptiens quelques sanglantes et rudes leçons, il eut la sagesse de comprendre que des alliés lui étaient nécessaires pour accomplir une tâche aussi ardue. Il s'adressa donc à la fin de 1862 aux gouvernements de France et d'Angleterre. Ce dernier répondit par un silence dédaigneux à la requête, par trop naïve, d'un souverain réputé tout barbare. Il eût été peut-être plus sage d'exposer à Théodore en termes brefs, mais polis, les principes de la balance des pouvoirs, lui montrer qu'un chrétien doit tenir la foi jurée, même avec des païens ou des musulmans, l'encourager à perfectionner son gouvernement en Éthiopie pour mieux aider plus tard à l'action de l'Angleterre contre l'Égypte, quand le moment décisif serait venu, et, dans tous les cas, le remercier de sa confiance, loyale quant à la forme, tout en étant ambitieuse dans le fond. Si l'on croyait Théodore incapable d'apprécier ces idées simples, il aurait du moins été de bon goût d'accueillir sa demande d'envoyer en Angleterre une ambassade pour entrer sérieusement en relation avec les grands foyers de la civilisation européenne. Nous jugeons ainsi le passé d'après les documents livrés au public. On doit pourtant se rappeler que les gouvernements ne sont pas obligés de tout dire, et que des faits importants peuvent rester cachés dans le secret des chancelleries.

Au fond peut-être, l'Angleterre n'était-elle pas fâchée de fomenter de loin une querelle afin de confisquer l'Éthiopie sous un prétexte moins scandaleux que celui qui avait présidé à la conquête d'Aden. La courtoisie est le devoir élémentaire de tout ministre des affaires étrangères, et le cabinet britannique actuel n'y aurait pas manqué, car il est composé de ces *Tories*, ou conservateurs, attentifs avant tout à

---

[1] Nous reproduisons l'orthographe indigène. Les Anglais écrivent toujours Magdala, de même qu'ils mettent Aboona pour Abun, titre de l'évêque éthiopien. Abuna est préfixé au nom d'un prêtre blanc. Les indigènes donnent ce titre à nos missionnaires catholiques, mais non à ceux des protestants.

maintenir les vieilles traditions d'habileté qui ont tant fait grandir leur patrie. Leur prédécesseur lord Russell n'y songeait guère. Tout en exagérant le patriotisme offensant de lord Palmerston, il voulait aussi rendre hommage à un souverain qui règne en Angleterre plus qu'on ne croit et que nos voisins appellent, avec une plaisante et énergique vérité, le roi Coton. Ce roi est la personnification des intérêts manufacturiers.

Privés par la guerre de leur marché chez les anciens États confédérés de l'Amérique, les Anglais ont dû acheter du coton partout, en Égypte, dans l'Inde, même en Turquie et jusqu'en Italie. Il était prudent d'étendre ces ressources, et comme l'Éthiopie s'habille de coton indigène, lord Russell ordonna à son consul de faire un rapport sur le coton que l'Éthiopie peut produire. Habitué à obéir à une consigne, l'ancien officier M. Cameron prit maladroitement ce rapport pour son devoir le plus important, et au lieu de porter lui-même jusqu'à Aden ou tout au moins jusqu'à la mer Rouge la dépêche capitale dont Théodore l'avait chargé, il la confia à un simple messager et alla étudier, sur toute la frontière nord de l'Éthiopie, cette question du coton si chère à la race anglaise. Les indigènes qui l'accompagnaient ne pouvaient rien comprendre à une enquête commerciale et n'y virent que le fait matériel de rapports confidentiels avec les musulmans, ces amis de l'esclavage, ces vendeurs de chrétiens, ces ennemis nés des Éthiopiens.

Revenu à Gondar et un an entier après le départ de la dépêche du roi, M. Cameron n'eut à communiquer à Théodore que son rappel impératif à Muçaww'a : il dut avouer aussi que S. M. la reine Victoria n'avait rien répondu quant au projet d'une ambassade éthiopienne en Angleterre. Ce n'est pas tout : peu après M. Cameron expédia vers la mer ses dépêches, y compris peut-être son fameux rapport sur le coton, et y adjoignit les lettres des missionnaires protestants. Le tout fut intercepté et put être mis sous les yeux de Théodore par ses affidés très au courant des finesses de la langue anglaise, puisqu'ils ont été élevés dans l'école protestante de l'île de Malte.

Sur ces entrefaites, M. Stern, qui, depuis son retour en Éthiopie, n'avait pas vu Théodore, et qui néanmoins, sur sa propre demande, avait reçu son congé de ce dernier quelques mois auparavant s'était enfin mis en route et se trouva, en septembre 1863, dans le voisinage inopiné du camp royal. Il crut ne pouvoir se dispenser d'aller voir le despote, et prit comme interprètes deux serviteurs dont l'un appartenait au consul. On ne peut ici s'empêcher de remarquer que M. Stern qui avait encore besoin d'un drogman lors de son second voyage, se représente néanmoins, dès le premier, comme prêchant tout seul et sans intermédiaire aux juifs indigènes. Un Turc de haut rang disait il y a longtemps qu'il y avait trois pestes à Constantinople : la peste proprement dite, les incendies et… les interprètes. Tout voyageur est plus ou moins la victime de ces entremetteurs et j'ai souvent assisté à d'admirables *imbroglio* où chacun des interlocuteurs était censé dire exactement le contraire de ce qu'il voulait. Dans le cas dont il s'agit ici, on ne saura jamais la vérité, car Théodore donna subitement l'ordre de faire mourir les deux interprètes à coups de bâton, et comme M. Stern se fâcha de cet étrange procédé, il fut aussi couché par terre et fustigé quoique avec moins de sévérité que ses malheureux compagnons.

Nous avons suivi jusqu'ici les récits des Anglais; arrêtons-nous pour examiner, ainsi que la stricte justice le demande, ce qu'on peut alléguer en faveur de Théodore. Plowden lui avait affirmé qu'il n'était pas venu de la part du gouvernement anglais, ni même d'une manière officielle quelconque, mais qu'il désirait savoir si l'établissement d'un consulat anglais serait agréé en Éthiopie. Ainsi le consul d'Angleterre à Gondar, qui connaissait la langue et les usages du pays, nous apprend ici naïvement son mensonge officiel, imaginé sans doute pour parer au refus d'admettre en Éthiopie cette juridiction consulaire que l'Angleterre prétendait y introduire à l'instar des États ottomans et qui répugne au droit fondamental d'un pays où tout accusé a droit de choisir son juge. Soit par goût, soit pour sortir d'une position embarrassante, Plowden qui passait alors aux yeux des Éthiopiens pour être consul anglais à Muçaww'a chez les Turcs, s'oublia jusqu'à assimiler toute sa conduite à celle de Bell, l'officier de Théodore, et ce dernier ne sut faire aucune distinction entre les deux Anglais. Plowden profita de sa position pour ne circuler qu'avec une escorte armée, et s'attira de cette façon l'hostilité du premier rebelle qu'il rencontra. Il ménagea ainsi de graves embarras à ses successeurs, car le public éthiopien se laissa aller, sans trop d'invraisemblance, à ne voir dans un consul anglais qu'un serviteur de leur roi donneur de beaux cadeaux et surtout de fusils perfectionnés. Puisqu'on accable ce peuple du titre de barbare, il ne faut pas trop lui en vouloir d'avoir jugé uniquement d'après l'apparence. En tenant compte des précédents de Bell et Plowden, le roi d'Éthiopie était jusqu'à un certain point excusable de regarder M. Cameron comme un serviteur dont il pouvait disposer à son gré, puisqu'il n'avait pas exécuté ses ordres que la faute ou la timidité d'un interprète aura sans doute transformés en simples prières.

Mais les Anglais ont caché, selon leur habitude, une cause bien plus grave de ressentiment chez Théodore. Quand j'étudiais le droit éthiopien, je voulus savoir quel sort attendrait nos missionnaires catholiques, s'ils étaient accusés en cour de justice de vouloir changer la loi religieuse du pays. Je m'adressai à l'un des quatre liqawint ou grands juges, et je posai la question d'une manière générale. Le vieux légiste répondit aussitôt : « Sans la moindre hésitation, un accusé convaincu d'un crime pareil serait condamné à mort, puisqu'il aurait cherché à enlever le bien le plus précieux de l'homme, la croyance qui doit le suivre dans l'autre monde. » En décrétant qu'aucune foi chrétienne en Éthiopie ne devait jamais s'écarter de la sienne, le roi Théodore n'avait fait que sanctionner une loi ancienne qui atteignait les protestants bien plus que les catholiques, car nos dogmes ne diffèrent pas sensiblement de ceux que la doctrine dite « des trois naissances » a adoptés, et ce schisme secondaire est fort répandu en Éthiopie. Il est à remarquer que la mission protestante rentrée dans ce pays depuis 1855 ne nous a rien appris de l'accueil qu'elle a reçu quant au spirituel. M. Lejean, alors vice-consul de France à Muçaww'a, rapporte seulement que le roi accueillit froidement M. Stern en lui disant : « Je suis las de votre Bible. Vous m'avez gravement offensé en n'usant pas du congé que je vous avais donné pour retourner à la mer : je vous pardonne comme étranger, mais mes sujets, qui auraient dû vous éclairer à cet égard, seront punis sévèrement. » Ces paroles expliqueraient le cruel traitement ordonné *ab irato*, selon l'habitude du pays, par un despote que les enseignements religieux de M. Stern avaient déjà indisposé contre ce dernier. Peu après ses compagnons furent enchaînés, et M. Cameron le fut aussi pour avoir pris leur défense avec plus de courage que de tact et surtout de convenance hiérarchique, car il n'était pas admis comme consul auprès de Théodore. Tous ceux qui ont voyagé en Éthiopie savent combien est grande la faveur d'y recevoir son congé, et combien il est imprudent de paraître mépriser une grâce pareille en n'en profitant pas au plus tôt. J'ai sollicité pendant huit mois entiers une permission de ce genre, et M. Lejean fut mis aux fers pour en avoir demandé une avec trop d'insistance en temps inopportun. Il eut le bon esprit de reconnaître son tort et se vit bientôt rendre la liberté.

Quelles que soient les fautes d'un serviteur public même aventuré hors des limites de son consulat, on ressent toujours bien vivement les affronts qu'il reçoit, et ils rejaillissent inévitablement sur le gouvernement qui l'emploie. L'Angleterre comprit qu'elle devait accréditer un envoyé spécial auprès du roi d'Éthiopie, et elle choisit M. Rassam. Selon un voyageur qui l'a connu personnellement, cet agent est un chrétien arabe qui se fit protestant pour avoir du service chez les Anglais, et ceux-ci l'accueillirent parce qu'ils sont plus sensibles qu'ils ne veulent se l'avouer aux sollicitations d'un prosélyte. Parlant plusieurs langues, avenant dans ses manières et paraissant toujours fort content de lui-même, M. Rassam peut mériter par ses services en Asie

une partie de l'éloge pompeux qu'on a fait de lui dans le dernier débat
du parlement. Il était cependant bien loin d'être ainsi préparé à mener sagement une négociation en Afrique. Ayant régné pendant neuf
ans à Aden en qualité de sous-gouverneur, et modelant ses allures sur
celles de ses maîtres, il a dû souvent y traiter du haut de sa grandeur
ces Éthiopiens qu'il allait visiter comme ses égaux et même comme
ses supérieurs. C'étaient là de mauvais éléments de réussite pour une
mission diplomatique et la suite des événements a prouvé qu'il était
difficile de faire un plus mauvais choix. Accompagné du docteur Blanc,
il arriva à Muçaww'a le 23 juillet 1864, et expédia à Théodore un
messager que la saison des pluies, alors dans toute son intensité, dut
retarder au moins jusqu'en septembre. Un fin diplomate aurait profité
de ce retard forcé pour s'établir dans un village chrétien de la frontière, s'y entourer de gens amara instruits, apprendre leur langue ou
s'y perfectionner s'il l'avait déjà apprise, et surtout pour se familia-
riser avec les lois, les usages, les préjugés et l'étiquette du peuple qu'il
allait visiter. On a peine à croire que les instructions de M. Rassam lui
aient défendu de prendre ces précautions et bien d'autres que le bon
sens indique dès qu'il s'agit d'une mission grave et délicate. L'envoyé
anglais aima mieux passer plus d'un an dans une inaction stérile et
en plein pays musulman. Enfin, le 8 août 1865, il reçut la lettre de
Théodore et apprit de son messager que les captifs étaient délivrés de
leurs chaînes. M. Rassam alla porter cette bonne nouvelle en Égypte,
et retourna le 25 septembre à Muçaww'a, où des lettres des prisonniers
lui apprirent qu'ils avaient été enchaînés de nouveau le lendemain
même du départ du courrier. Cette perfidie aurait dû donner à réflé-
chir, mais le protestant arabe avait trop de confiance en son étoile
pour s'arrêter à un aussi petit détail. Il se rendit à Aden afin d'y
augmenter ses bagages et cadeaux, en chargea soixante chameaux,
s'adjoignit M. Prideaux, officier d'état-major, et se mit enfin en route
le 15 octobre par le chemin détourné de Matamma.

Théodore avait lui-même prescrit cette route chaude, malsaine,
monotone et fatigante, où il fallut consacrer trente-sept jours à parcourir 700 kilomètres, un peu moins que la distance de Paris à Avi-
gnon. Après plus d'un mois passé sur le sol délétère de Matamma
qu'on n'ose décorer du titre de ville, les envoyés anglais eurent
enfin la permission d'avancer, et le 28 décembre ils franchirent ce
que M. Blanc appelle le Rubicon de l'Éthiopie. Le 25 janvier 1866
ils furent reçus en grande pompe par Théodore dont le camp était
alors en Mecha au sud du lac Tana. Après plus d'un mois d'attente
dans Quarata, ville située sur la rive du lac, M. Rassam vit enfin les
prisonniers qu'on avait retirés du mont fort de Maqdala. Un mois
plus tard ils furent tous invités à se rendre auprès de Théodore, qui

s'absenta, et pour cause, du milieu de sa cour assemblée. En effet, à un signal donné on dépouilla en un clin d'œil tous les Anglais et on les combla d'insultes.

Ils ont représenté cette insigne trahison comme un acte prémédité, mais qu'il leur était impossible de prévoir. Aucun Éthiopien n'admettra cette assertion : quelque personnel que soit le gouvernement d'un despote, il est homme après tout : il a ses confidents ou ses intimes dont le métier naturel est de préparer, modifier ou tout au moins de pressentir tous ses desseins. M. Rassam n'ignorait pas les premiers éléments de son métier comme diplomate et devait s'être ménagé un ami au moins dans la plèbe, sinon dans l'élite des courtisans. Il lui était donc facile de savoir de quel œil on le regardait et, sa finesse orientale aidant ses connaissances acquises, il aura prévu à quelle impasse messéante sa fastueuse mission allait aboutir. Théodore fit subir à ses captifs deux jugements publics : on ne dit pas les chefs d'accusation, seulement, comme les juges opinèrent tous pour la peine de mort, il est loisible de penser qu'un des motifs était le crime de propagande protestante, ou antichrétienne, ainsi que les Éthiopiens la qualifient. De son côté le roi ne voulut pas ratifier la sentence capitale, car s'il désirait l'exécution de son décret sur l'unité de la foi, il voulait aussi se ménager des ouvriers pour augmenter son artillerie naissante. Après des alternatives puériles de colères et de regrets, Théodore expédia tous les Anglais à Maqdala, le 8 juillet 1866.

Ce mont fort est situé à 3,000 mètres au-dessus du niveau de la mer et le climat est ainsi bien moins chaud qu'on ne s'attend à le trouver en Afrique dans la zone torride. Le sommet du plateau contient une église, une trésorerie, une prison et des huttes abritant une population de 3 à 4,000 âmes dont 400 prisonniers de toute provenance, une garnison de 600 fusiliers et autant de simples soldats armés de lances et boucliers. Long de plus d'un kilomètre et d'une largeur de 5 à 800 mètres, ce plateau est formé de colonnes prismatiques de basalte, pierre très-dure, qui s'élèvent verticalement du terrain environnant à des hauteurs variant entre 9 et plus de 200 mètres. Cette fortification naturelle a été consolidée par des portes doubles construites sur trois points faibles et protégées par de nombreuses meurtrières. Un des prisonniers écrit cependant qu'il suffirait d'un pétard pour entrer tambour battant dans ce mont fort que depuis trois siècles les Éthiop'ens regardent comme imprenable.

Il y a neuf prisonniers européens à Maqdala, dont six Anglais et deux Allemands. Théodore fait garder à vue près de lui quatorze autres, la plupart ouvriers allemands. Ces ouvriers envoyés aux frais d'une société protestante comme de « pieux laïcs » ont commencé d'une façon fort excentrique leurs œuvres de paix évangélique en fabriquant des mortiers et d'autres engins de guerre. Quant au spirituel, ils ont fait des spiritueux, c'est-à-dire beaucoup d'eau-de-vie, et, pour ce qui est du temporel, ils se sont livrés au commerce des esclaves. C'est du moins ce que M. Rassam nous apprend.

La dernière nouvelle de ce malencontreux diplomate ne fait pas beaucoup d'honneur à son habileté. L'abun Salama vient de mourir, et M. Rassam conseille aux Anglais de se pourvoir d'un autre abun en Égypte afin de le mener au-devant de leur expédition comme un bouclier ou tête de sape sur laquelle aucun Éthiopien n'oserait tirer. Pour faire apprécier en deux mots le caractère de cet étrange projet, il vaut mieux imaginer en Europe un cas analogue. Supposons donc qu'après la mort de Pie IX, lord Derby revenant à la politique de Pitt et voulant rendre les Romagnes au Saint-Siége, envoie une armée contre les Piémontais avec un pape choisi d'avance à Canterbury ou ailleurs, et catholique romain ou janséniste, car les Anglais n'y regarderaient pas de si près. Je laisse à penser comment un pape de cette espèce serait reçu par les Romains ou même par les italianissimes.

Il répugne beaucoup aux protestants de confesser l'aversion qu'ils inspirent en Éthiopie. Quand ils sont expulsés de ce pays ils ont soin d'attribuer leur disgrâce aux catholiques et ils nomment à tout hasard l'ennemi dont ils ont évoqué le fantôme. Cette tactique est peut être utile pour hâter dans les sociétes de missions anglaises la rentrée des souscriptions en souffrance. Dans la circonstance actuelle on a mis tout le désastre des affaires sur le compte du Français M. Bardel et du jésuite Delmonte. Mais par malheur pour la vérité des faits, M. Bardel a été emprisonné aussi par Théodore parce qu'il a intercédé auprès de lui en faveur de M. Cameron. Quant au R. P. Delmonte, qui est lazariste et par conséquent étranger à la Compagnie de Jésus, il a toujours vécu hors de la juridiction du roi d'Éthiopie. Les protestants ont d'ailleurs oublié qu'en annonçant triomphalement le renvoi des missionnaires catholiques, dès l'aurore du règne de Théodore, ils ont rendu au moins invraisemblable l'efficacité de la correspondance ténébreuse qu'ils attribuent à un pieux missionnaire. Personne ne sera plus étonné que lui quand il apprendra quel énorme contre-poids a été créé par sa modeste personnalité pour contrecarrer la puissance et le prestige de l'empire britannique.

VI

L'Angleterre s'y est prise à deux mains pour reconquérir ce fameux prestige. Comme ses préparatifs ont dû être longs, elle a mis toutes les formes de son côté, et le roi noir, le prétendu descendant de Salomon, ne peut se plaindre de n'avoir pas été averti. Quand l'Allemand qui portait à Théodore l'ultimatum britannique lui dit que, s'il ne rendait pas les prisonniers, il aurait sur les bras les armées de l'Angleterre et même de la France : « Qu'ils viennent, dit Théodore, et appelez-moi une femme, si je ne leur donne pas bataille. » On ne sait s'il y a plus de folie ou de vaillance intrépide dans cette fière réponse. En effet, malgré les récits de rares voyageurs naturellement soupçonnés d'exagération, les Ethiopiens n'ont aucune idée de notre puissance militaire et leurs rois peuvent croire qu'ils nous combattraient à armes égales.

Le golfe d'Adulis, naguère si solitaire, fourmille aujourd'hui de vaisseaux. On y signalait dernièrement soixante-dix bâtiments, sans compter les navires arabes et indiens. Les Anglais ont déjà construit deux quais pour aider au débarquement. Deux régiments exclusivement formés d'Européens, et en outre douze mille hommes d'armes différentes, tous expédiés de Bombay, ont déjà foulé ces plaines nues où les Saho tenaient de loin en loin leurs grands parlements. Les Anglais veulent faire merveille en Éthiopie avec leurs fusils Snider, bien supérieurs, disent-ils, à nos Chassepot déjà devenus classiques. Ils veulent effrayer Théodore et sa forteresse de Maqdala avec des fusées de guerre, avec des canons de montagne d'un modèle nouveau et des plus ingénieux. Ce n'est pas tout : comme le prestige ne saurait s'acheter à trop gros deniers, les Anglais, vrais Romains des temps modernes, ont expédié une quarantaine d'éléphants pour grossir leur armée. L'un de ces colosses, éléphant d'esprit s'il en fut, s'est tant démené au moment du départ, qu'on l'a rendu à ses forêts paternelles de l'Inde ; mais les autres ont suivi le torrent et vogué à travers la mer pour aller, bien loin de leur patrie, faire peur au roi Théodore.

On assure que le seul cas de mort au champ d'honneur qui soit jusqu'ici survenu dans la fastueuse expédition anglaise, est arrivé à l'un de ces auxiliaires, si sagaces d'ailleurs. Étant allé se promener dans le désert dès son arrivée à Zullah, il y fut abattu, d'un coup de carabine, par un capitaine anglais qui, brûlant d'une ardeur belliqueuse, crut voir un chétif et sauvage Éthiopien dans cet éléphant bien né des Indes, qui venait d'être transporté en Afrique avec tant de frais et d'inquiètes sollicitudes. De ce premier accident de guerre il serait néanmoins téméraire de conclure que l'entreprise britannique porte en elle-même ses germes d'insuccès, ni de la comparer, comme l'a fait un critique anglais, à une machine trop faible pour soutenir son propre poids.

L'Angleterre veut réussir, et elle réussira ; s'il lui manque cet élan qui prépare de faciles victoires, elle est douée d'une énergie indomptable qui s'acharne contre tout obstacle et grandit en raison même des revers. Dédaignant la voie des emprunts, malgré son immense crédit, elle a demandé cinquante millions de francs à ses contribuables. On en consommera trois cents au moins, et elle est prête à sanctionner cette énorme dépense, car elle compte sur un parlement complaisant pour payer ses dettes. A en croire ses déclarations officielles, elle veut seulement libérer les captifs sans attenter en rien à l'antique indépendance de l'Éthiopie. Jamais on n'aura fait d'œuvre aussi grandiose pour un aussi petit résultat, car chacun des prisonniers anglais à délivrer va coûter près de cinquante millions. Au lieu des deux mille volontaires disciplinés, qui auraient largement suffi à cette œuvre, on a déjà à abreuver soixante-cinq mille hommes et bêtes sur cette plage de Zullah où, faute d'eau potable, on distille à grands frais l'eau de mer. Il faut, chaque jour, plus de cent quatre-vingt mille litres d'eau à boire, mais de puissants condenseurs ont réalisé ce prodige, malgré l'énorme dépense de cent mille francs par vingt-quatre heures de travail. En effet, cette eau artificielle revient à cinquante-cinq centimes le litre. A côté de ces détails, montrant sur quel pied grandiose l'expédition est montée, on en trouve d'autres qui font voir combien il est difficile de bien régler une entreprise lointaine, dans un pays presque dénué de toute ressource, et où il faut porter tous les vivres, à l'exception de la viande, qui d'ailleurs manquera probablement dans l'intérieur. Pour transporter les munitions il a fallu acheter à grands frais des mulets, et, sur mille de ces bêtes de charge allant en cinq jours de Zullah à San'afe, il en faut cinq cent soixante-dix pour faire vivre en chemin et les autres bêtes et les gens de conduite. Ces mulets, venus d'Égypte, de Turquie, et même d'Espagne et de France, sont arrivés dans la baie d'Adulis sans muletiers ni licols. Les soldats anglais, dans leur sagesse, les ont entravés avec des cordes provisoires de foin ; les mules, dans leur prudence, ont mangé ce foin si bien à leur portée et se sont échappées ensuite en grand nombre pour aller se perdre dans le désert. Nos conscrits les plus naïfs souriraient de ces détails de ménage. Pour effectuer des transports moins coûteux, on a déjà commencé un chemin de fer sur tout le parcours de cent kilomètres, depuis la mer jusqu'à San'afe, premier poste sur le plateau éthiopien, et, à raison de trois kilomètres de rails posés tous les jours, on aura achevé cette voie vers le 25 février de cette année.

La ligne de marche est bien choisie. On pouvait suivre les plaines du Tigray, car elles sont peu élevées, faciles à parcourir, et n'opposent à la marche aucune coupure brusque ; on serait allé de là, par le rude territoire du Wasaya et sans trouver de précipice notable, excepté à la rivière Takkaze et sur le flanc à pic du mont Lamalmo. Plus loin jusqu'à Dabra Tabor, où Théodore réside ordinairement, on aurait choisi à volonté ou les plaines faciles du Lamge ou les fraîches hauteurs du Waynadaga. Mais cette route est détournée. D'ailleurs le Wasaya est malsain dès le mois de mai, et, jusqu'en Wagara, les pâturages font défaut.

Les Anglais ont eu raison de préférer la voie directe par l'Ag'ame et le Wag. Sur ces plateaux élevés, ils conserveront toute leur énergie ; ils y trouveront un pays moins ravagé par les guerres civiles et plus abondant en pâturages. La distance de Zullah à Maqdala est comme celle de Paris à Lyon et serait parcourue promptement, s'il n'y avait à franchir, même dans ces hautes terres, quelques entailles profondes, peu commodes pour l'artillerie et peut-être impraticables aux éléphants. Au surplus, ce sont là des détails, et sir Robert Napier ne s'y arrêtera point. Il poussera rapidement jusqu'en Dalanta avant la saison des pluies, qui est censée s'ouvrir au 10 juillet, mais qui, dans ces terres élevées, devance parfois son époque accoutumée. Selon le dire des prisonniers, « s'il investit Maqdala au commencement de mai, le manque d'eau forcera bientôt la garnison à se rendre. Si les premières pluies en ont approvisionné la forteresse, les Anglais occuperont Tanta chez les Wara Haymano et pourront diriger de là sur le fort des feux plongeants ou même quelques fusées. Des soldats vivant dans des huttes, sans casemates ni cavernes, ne tiendront pas un seul jour contre de pareils arguments. Dans tous les cas le mont fort, si fameux en Éthiopie, sera bientôt pris, et il restera à savoir si l'on veut aller à Dabra Tabor pour brûler le camp de Théodore, et le tuer ou le prendre s'il fait mine de résister. » Ce dernier épisode de la guerre est livré à l'appréciation du général en chef.

Celui-ci a la confiance de ses soldats et possède, tant en énergie morale qu'en moyens matériels, une provision de forces illimitée, pour ainsi dire, vis-à-vis d'un ennemi qu'il s'agit plutôt d'écarter que d'abattre. Cependant l'action de la diplomatie n'est pas à dédaigner, même au milieu des hostilités, car elle dirige, adoucit et aide toujours les forces brutales d'une armée. C'est ici le côté faible de l'expédition. Quand Théodore mit en prison M. Rassam, avec force protestations d'amitié, il lui promit la liberté dès l'arrivée de certaines machines et de quelques ouvriers habiles. L'Angleterre envoya les uns et les autres jusqu'à Muçaww'a, mais elle se borna à y exiger la remise préalable des prisonniers, sans avoir accompli aucune de ces formes qui rendent un contrat obligatoire aux yeux des Éthiopiens. De son côté, Théodore n'avait pas appris à connaître la valeur d'une simple signature sans portée aucune pour lui. D'ailleurs il avait été trompé par Plowden, qui reniait sa propre qualité de consul, et par les dénégations des missionnaires protestants, quant à leurs menées de prosélytisme chez les chrétiens indigènes. Il ne crut donc aucunement aux intentions magnifiques des Anglais. Le manque d'un agent instruit a fait échouer cette négociation qui, bien menée, devait nécessairement aboutir. De même, en entrant dans le Tigray, l'armée anglaise s'est fait précéder d'une proclamation dont le *Times* nous a donné le mot-à-mot, fautivement peut-être, mais tout aussi ridicule en amariñña qu'en anglais. De plus, cette langue qu'on dit avoir employée est à peu près inconnue en Ag'ame, où ce manifeste a été mis au jour ; enfin les officiers anglais paraissent avoir ignoré qu'une proclamation ne se publie point par écrit en Éthiopie.

Au reste, le bon sens du chef de l'expédition fera bientôt justice de ces ignares interprètes. Il songe à faire alliance avec les chefs de l'*Indarta*, et à s'attacher surtout Gobaze le Waysim ou chef héréditaire du Wag. Cette contrée a une population aguerrie qui, depuis des siècles, a su maintenir son indépendance, et d'excellents fusiliers bien capables de gêner sérieusement, derrière leurs forteresses naturelles, même les vaillantes légions de l'Angleterre. Elle croit donc de la dernière importance de se concilier Gobaze qui, sous un titre modeste, jouit de tous les priviléges de la royauté, et qui ne peut jamais faire la paix avec Théodore, car il doit venger sur lui la mort de son père, mis barbarement à mort après s'être rendu. Il est d'ailleurs peu probable que les Agaw du Wag songent à défendre leurs passes, s'ils en viennent à un différend avec les Anglais. Durant mon long séjour en Éthiopie, je n'ai entendu citer que deux cas où le fantassin ait combattu à l'abri des obstacles qu'il s'était ménagés. Quoique couronnés de succès, ces combats étaient regardés comme d'heureux accidents, et, sans en comprendre la grande portée, on continuait à ne concevoir la bataille que sur une plaine où l'on peut prendre carrière et où l'Éthiopien ne croit bien combattre qu'à l'instar de nos chevaliers d'autrefois.

Mais que fera le roi des rois d'Éthiopie, le descendant postiche de Salomon ? Il est difficile de répondre à cette question. Au dire des indigènes, Théodore perd souvent la raison quand il a bu l'eau-de-vie que lui fabriquent avec tant de zèle les *pieux laïcs* de la mission protestante. Dès les commencements de son règne, il se livrait, selon Plowden, à des accès de fureur qu'on ne savait expliquer. Les prisonniers anglais nous disent, plus explicitement encore, avoir appris de Théodore lui-même que son père était aliéné, et qu'après bien des doutes il se croyait lui-même atteint d'une mystérieuse maladie mentale. Plusieurs traits de sa conduite envers ses prisonniers, et le massacre de six cents de ses propres soldats, dans son camp et sur un simple soupçon, donneraient du poids à cette assertion. L'Angleterre a donc déclaré la guerre à un adversaire qui n'est aucunement digne d'elle. J'ai peine à croire qu'il emploie sa ruse naturelle contre sa puissante ennemie, et qu'il rappelle auprès de lui ses prisonniers pour les immoler dans son premier accès de fureur, ou tout au moins pour les emmener dans sa province natale de Quara, sur la lisière d'un désert terrible entre tous, dit-on, à cause des endémies mortelles qui le rendent inhabitable. Malheur aux troupes anglaises, si elles tentaient de suivre Théodore jusque-là !

Après avoir réuni d'une manière brillante autant qu'inespérée les fragments épars de l'empire éthiopien, ce soldat de fortune n'a pas vu que si la tactique de la victoire consiste à exiger, sous peine de mort, une obéissance aveugle et prompte sur le champ de bataille, la stratégie du gouvernement demande, au contraire, une impulsion sûre, mais lente, et que la plus grande vertu de celui qui régit est de savoir rétracter à propos une mesure odieuse, ou parce qu'elle est mauvaise, ou parce que le moment de l'appliquer n'est pas encore venu. Le peuple s'illusionne alors au point de croire que le souverain est plus sévère pour lui-même que pour ses sujets, et il s'habitue peu à peu à laisser faire une sagesse qu'il n'avait pas comprise d'abord, et dont les fruits ne mûriront qu'avec le temps. De tout l'ancien empire de Yasu le Grand, ce Louis XIV éthiopien, Théodore n'a plus que son Quara qu'il puisse réellement appeler sien. Ses gouverneurs du Tigray ont succombé sous les coups des rebelles, ou sont déjà indépendants de fait en attendant qu'ils le deviennent de droit. Plus que jamais le Gojjam, cette île méditerranéenne, renaît de ses cendres en proclamant bien haut qu'il n'a jamais reconnu le joug. Le Wag renie l'empire et répète ses vieilles traditions de liberté. Le *Siwa* se reconstitue avec paix et bonheur, et sert de refuge à tous les proscrits. *Tissu Gobaze* règne dans le bas Tigray, en *Wasaya*, *Walqayt*, *Simen*, *Wagara*, et jusque dans le *Dambya* où *Gondar* a été.

Que reste-t-il aujourd'hui à Théodore? Les *Awawa*, qu'il a respectés parce qu'ils savent se défendre, mais qui saisiront la première occasion pour le méconnaître; *Taqusa*, *Acafar*, *Alafa* et *Meca*, provinces riveraines du *Tana*, mais dont il a fait des solitudes par un pillage méthodique; et enfin le *Bagemdir*, cette terre d'élite qui ne lui obéit qu'à regret. Il suffit d'une maladie, d'un échec ou d'un paysan plus osé que les autres, pour éteindre du jour au lendemain ce météore royal qui, après quelques années d'éclat, rentrera bien vite dans la nuit profonde d'où il était sorti.

En voyant la grandeur des préparatifs militaires de l'Angleterre, on se persuade qu'elle a le projet de garder l'Éthiopie du nord après l'avoir conquise. Les apparences semblent le proclamer, mais quoi qu'en disent les journaux anglais, cette idée n'a pas pris naissance parmi les Français qui citent encore « la perfide Albion. » Elle a été mise en avant par Plowden dans ses lettres officielles, il y a treize ans, exposée de nouveau par M. Cameron, et reproduite enfin, quoique timidement, par le général Coghlan dans son mémoire militaire rédigé en mars dernier. Il y propose, sous forme d'insinuation, de garder le pays seulement pour y rétablir l'ordre. On sait fort bien où aboutit une doucereuse bienveillance de ce genre. Maîtres depuis trente ans d'Aden si perfidement enlevé, nos voisins d'outre-Manche veulent faire de la mer Rouge un lac anglais. Ils convoitent aussi l'Éthiopie, car ils auraient là un dépôt commode pour envahir l'Égypte où le roi Coton règnerait dans toute sa gloire. Pour le moment ils gardent le silence, ou bien ils affirment hautement qu'on leur fait trop d'honneur. Si on les presse, ils citeront l'Algérie confisquée par la France pour un coup d'éventail donné à son consul. Sans les devancer dans cette polémique, contentons-nous d'observer que Charles X, qui rachetait à ses frais des esclaves grecs à Constantinople et en Égypte, ne pouvait admettre que le dey d'Alger eût seul le droit de tenir dans les fers des chrétiens de France, d'Espagne et même d'Angleterre. Au contraire, les Anglais qui se glorifient tant d'employer leurs vaisseaux et leurs millions à empêcher la vente des nègres païens dans l'Afrique occidentale, n'ont jamais rien fait pour entraver ce commerce d'esclaves, la plupart nés chrétiens, qu'on emmène devant le pavillon britannique, si puissant sur la mer Rouge, pour les abrutir, physiquement aussi bien que moralement, dans la fange des harems musulmans. Peut-on blâmer le roi Théodore qui, dans la mesure de son intelligence et de ses forces, a voulu anéantir cette ignominie, de dire avec une modestie au moins spécieuse en se comparant au gouvernement anglais : « Quel est le plus barbare de nous deux ? »

PARIS. — IMP. SIMON RAÇON ET COMP., 1, RUE D'ERFURTH.

www.ingramcontent.com/pod-product-compliance
Lightning Source LLC
Chambersburg PA
CBHW051318060726
47596CB00004B/1372